中华优秀传统文化是炎黄子孙共同的精神家园

孟子选译

刘聿鑫 刘晓东 译注
黄葵 审阅

古代文史名著选译丛书

（珍藏版）

主编 章培恒 安平秋 马樟根

凤凰出版社

图书在版编目（CIP）数据

孟子选译 / 刘聿鑫，刘晓东译注. -- 南京 : 凤凰出版社，2017.1
（古代文史名著选译丛书 : 珍藏版 / 章培恒，安平秋，马樟根主编）
ISBN 978-7-5506-2467-2

Ⅰ. ①孟… Ⅱ. ①刘… ②刘… Ⅲ. ①儒家②《孟子》—译文③《孟子》—注释 Ⅳ. ①B222.5

中国版本图书馆CIP数据核字(2016)第257393号

书　　名	孟子选译
主　　编	章培恒　安平秋　马樟根
译 注 者	刘聿鑫　刘晓东
责任编辑	王　剑　王淳航
装帧设计	姜　嵩
出版发行	凤凰出版传媒股份有限公司 凤凰出版社(原江苏古籍出版社) 发行部电话 025-83223462
出版社地址	南京市中央路165号,邮编:210009
出版社网址	http://www.fhcbs.com
照　　排	江苏凤凰制版有限公司
印　　刷	苏州市越洋印刷有限公司 苏州市吴中区南官渡路20号　邮编:215104
开　　本	850×1168毫米　1/32
印　　张	7.75
字　　数	161千字
版　　次	2017年1月第1版　2017年1月第1次印刷
标准书号	ISBN 978-7-5506-2467-2
定　　价	35.00元

(本书凡印装错误可向承印厂调换,电话:0512-68180638)

目录

前 言

孟子，名轲，战国时期鲁国邹（今山东邹城）人，大约生于公元前370年，死于公元前289年，是春秋时鲁国孟孙氏的后裔。关于他的身世，《史记·孟子荀卿列传》里叙述得很简略，不可详考。根据各种记载，我们只能知道他在很小的时候父亲就死了，由母亲把他抚养成人。汉代还流传有他母亲“三迁”和“断织”的故事：据说孟母为了使孟子得到一个良好的学习环境而三次择邻迁居，又曾因孟子逃学而割断织布机上的线来警诫他。可见孟子从小就受到母亲很好的教导。

孟子长大以后，受学于子思（孔子的孙子）的门人，接受了孔子一派的政治学术思想，在学成并从事了一段教育活动后，为实现他的政治理想，便带领弟子到魏、齐、宋、鲁、滕、薛等国对诸侯进行游说。当时，正是我国从奴隶社会到封建社会的历史发展时期，各种流派的思想家纷纷活跃在政治舞台上和思想界中，形成了百家争鸣的局面。孟子在游说过程中，同其他一些思想流派的人物展开过一系列的争鸣辩难。

孟子首先到了魏国，与梁惠王谈了许多“与民同乐”和实行“仁政”的大道理。梁惠王感兴趣的却是使魏国尽快强大起来，向齐、秦等国报仇雪恨，嫌他的言论太高远迂阔，因此对孟子这套道理反应并不积极。梁惠王一死，孟子便离开魏国到齐国去了。在齐国,他曾一度成为“客卿”。他利用一切机会向齐宣王宣传王道仁政,而齐宣王的理想却又是效法齐桓公和晋文公的霸业,征服秦楚,统一天下,因此孟子的主张显然也不合时宜,尽管他受到礼遇,但主张却不能被采纳。

孟子在游说中的一连串失意使他感到自己在政治上不会有什么作为了,于是便回到家乡,聚徒讲学,把理想寄托于将来,和弟子万章、公孙丑等人一齐整理自己的游说经历和辩难内容,通过这些来阐述政治理想和学术思想。后世流传下来的《孟子》七篇,虽不是孟子的亲手著述而是他的弟子以及再传弟子根据他的言论事迹编定的,但从书中论辩方法、文章语言风格的统一看来,《孟子》一书的确反映了孟子的完整思想,因此我们可以把《孟子》作为孟子个人的作品加以分析。

孟子所处的时代是阶级分化激烈的时代,人民处于水深火热之中,在统治阶级的虐政之下,“民有饥色,野有饿莩”,而统治者呢？则是“庖有肥肉,厩有肥马”,在这种情况下,孟子在政治思想方面提出了“仁政”的主张。要实行“仁政”,首先就要“制民之产”,也即是让人民有一定的土地财产。孟子认为:老百姓没有一定的财产,便没有坚定的道德观念;没有坚定的道德观念,便会肆意非为,违法乱纪,陷入犯罪泥坑;等到他们犯了罪,再对他们处以刑罚,这就是残害人民。所以贤明的君主应当规定人民的产业,一定要使老百姓能养家糊口。好年景,丰衣足食;坏年景,也不至于饿死。孟子并且根据自己的理想,设计并描绘他的康乐园:“五亩之宅,树之以桑……老者衣帛食肉,黎民不饥不寒。”

人民有了一定的土地财产，如果统治者施行残酷的剥削和压迫，将人民的劳动果实掠夺一空，那么人民还是无法生活，所以，他的"仁政"又包括"省刑罚"和"薄税敛"。前者是说统治阶级要减轻对人民的压迫，后者是要减轻对人民的剥削。他着重指出，赋税有三种，即"布缕之征、粟米之征、力役之征"。贤明的君主对这三种赋税只征用其中一种，其余两种暂时不用。如果同时征用两种，老百姓就会有饿死的；如果同时征用三种，那一定会使人民家破人亡、父子不相顾了。

可以看出，孟子这一"仁政"主张，是以民本思想为基础的。他有一句著名的话，就是："民为贵，社稷次之，君为轻。"他认为，夏桀、殷纣之所以丧失了天下，原因就在于失去了百姓的支持，失去了民心，因此得天下的关键就在于得民心。怎样才能得民心呢？那就是给予人民所需要的，而不施加人民所不喜欢的事物。他警告统治者：如果对人民施行残酷的剥削和压迫，把人民逼得走投无路、无法活下去的话，人民就会起来造反，推翻暴君的统治。当然，孟子是站在统治阶级的立场上，希望君主巩固统治权，但是他能够把人民视为天下国家的根本，强调人民在国家中的地位和力量，是有一定进步意义的。

在道德思想方面，孟子十分重视孝顺父母和敬从兄长。他在和齐宣王、梁惠王谈话时，就劝他们要"谨庠序之教，申之以孝悌之义"。他把"孝悌"同"仁义"一样看待。根据古代的传说，舜的父亲瞽叟偏爱后妻的儿子，常常想杀掉舜，继母和弟弟也想杀死舜，但舜还是尽力地孝亲爱弟。孟子十分称赞舜的做法，认为由舜转移了天下的风俗，加强了天下父子之间的伦常关系。孟子这样重视孝悌，是因为他把孝悌与治理天下联系在一起的，家庭中的伦常关系同社会中的君臣关系是统一的。君主有了孝悌之心，如果推广开去，就会爱护臣民；臣民有孝悌之心，孝敬父母，尊从兄长，如果推广开去，那也就会忠君尊长，所以他说："人人亲其亲、长其长，而天下平。"

孟子对儒家关于君臣关系的观念，并不单纯把君看成是神圣不可侵犯的，而是根据君的所作所为，去分析认识。他极力推崇商汤推翻夏桀和周武王推翻商纣的正义行为，多次援引，以为是圣王征伐不道的例子。他明确指出，桀、纣是"贼仁"、"贼义"的独夫民贼，把他们推翻杀掉是应该的，不能算作"弑君"。孟子曾经问齐宣王："您的一个臣子到楚国去了，把妻子儿女托付给朋友照顾。等他回来，妻子儿女都在受冻挨饿。对这样的朋友，应该怎么办呢？"齐宣王说："和他断绝来往。"孟子又问："假如司法官不能管理他的下级，那该怎么办呢？"齐宣王说："撤他的职！"孟子说："一个国家政治搞得很糟，那又该怎么办呢？"很明显，孟子言下之意是如果国家政治搞得一团糟，国君也要"撤职"。这些言论大胆激烈，直接说到齐宣王的身上，是十分难能可贵的，比孔子以来的儒家单纯"忠君"思想，前进了一大步。

在哲学思想方面，孟子倡"性善论"。他认为人的本性生来就是美好的。人人具有同情别人、知道羞耻、尊敬他人、明了是非等本质，这都不是受客观事物的影响而形成的，他曾举例说：一个小孩掉到了井里，人们都想去救他。这是每个人都有的同情心，人们并不是出于想结交小孩的父母或别的什么想法，只是出于心中本来就有的善良品德。既然人的本性都是善良的，那么社会上为什么还有坏人呢？孟子也用“性善论”来加以解释，他认为这是由于有些人在社会生活中把善心给埋没了，于是便成了坏人。只要通过教育，把这些人失去的善良本性恢复了，便又会成为好人。

毛泽东同志说：“只有具体的人性，没有抽象的人性。在阶级社会里就是只有带着阶级性的人性，而没有什么超阶级的人性。”孟子的“性善论”正是抽象的、超阶级的，因此是不能成立的。但它作为历史上人们修养品德和施行“仁政”的理论根据，却有一定的积极意义。他认为人性是善的，能够使人感到自身本来就具备为善的优越条件，增强为善的自信心，在善良本性的基础上自觉地提高自己，积极上进。这一观点在后世也产生了很大的影响。

孟子的哲学思想体系属于主观唯心主义的范畴，他是站在当时已成为社会主流的封建地主阶级的立场上并为之服务的。由于他继承了孔子“仁”的学说并有发挥，同情人民，因此对当时的政治有许多改良的建议。他的主张大都从一种良好的愿望出发，脱离当时的社会现实，所以不为各国君主接受。例如他讲“仁政”，主张关心人民疾苦，一直为人称道，在后世起过一定作用，但他的理论根据只是“恻隐之心”，这种根据太薄弱了，或者根本不能成为根据，因此他的“仁政”没有得到施行。又如他主张恢复“井田制”，实质上是使人民能有一定的私田，其目的是要保证谷禄的平均。这出发点也不错，但当时的情况是怎么样呢？当时已经出现土地自由买卖现象，显然他这种主张也行不通了。再如他看到当时诸侯间的兼并战争给人民带来灾难而深恶痛绝、一味反对，可是诸侯各据一方、阻碍社会发展的分裂局面却必须通过兼并战争才能促使全国统一，这是历史发展的必然趋势。孟子认识不到这一点，只是高谈一些大道理，这不能不说他是“迂远而阔于事情”了。

孟子处在这“百家争鸣”的战国时代，由于他既以继承尧、舜、禹、汤、文王、孔子等“古圣先贤”的道统自居，又以“辟异端”、“斥邪说”为己任，积极宣传他自己的学说和主张，因此就需要有更系统、更完整的论述方式。在《孟子》文章中我们可以明显地看到，虽然它基本上仍是一种通过问答对话形式记述的语录体，但比起《论语》那种简奥含蓄而又质朴的风格，已有了很大的发展，不仅辞繁篇巨，而且感情洋溢、气势充沛、洋洋洒洒、波澜壮阔，说理辩论逻辑严密，叙述描写细致精巧。刘勰从文章本体方面评论它说“理懿而辞雅”(《文心雕龙·诸子》)，鲁迅先生从文学发展角度评论“渐有繁辞，而叙述则时特精妙”(《汉文学史纲要》)。这些评论都是十分精当的。

首先，《孟子》文章表现了雄辩说理的特点。孟子十分熟练地掌握和运用各种辩论的方式方法，在论证和反驳过程中，环环相扣，步步紧逼，析理绵密，使对方无所逃遁。有时他采取开门见山的方式。当孟子初见梁惠王时，梁惠王说:“叟！不远千里而来，亦将有以利吾国乎?”孟子回答:“王！何必曰利？亦有仁义而已矣。”就只这么一问一答，寥寥数语，孟子就否定了梁惠王重利的观点，直接阐明了自己以仁义为本的政治主张，干脆利索、简捷明快。孟子与景春讨论公孙衍、张仪是否算“大丈夫”，景春认为这两人“一怒而诸侯惧”，是真正的“大丈夫”。孟子接着说:“是焉得为大丈夫乎?”轻轻一句反诘，就否定了对方的观点。

有时他又首先肯定了对方，然后一步一步诱使对方顺从自己的意图，最后落入彀中。齐宣王日思夜想的是当诸侯的霸主，他见到孟子时希望孟子能谈谈齐桓公、晋文公称霸的事迹和经验，作为自己图霸的借鉴。孟子却巧妙地扭转了话题，把齐宣王引导到自己宣扬的"仁政"上来。他在肯定了齐宣王具有"保民"的优点之后，又指出如果齐宣王凭借武力去争夺霸主的话，"尽心力而为之，后必有灾"；当他止住了齐宣王以力图霸的想法后，又为他提供了"制民之产"和"驱而之善"两项具体的"保民"措施。孟子知己知彼，始终站在主动地位，步步引导齐宣王沿着自己的思路走，最后达到了向齐宣王宣传王道、仁政的目的。再如与齐宣王讨论"好乐"、"好勇"、"好货"、"好色"，都是由近及远、由此及彼，既全面阐述了自己的观点，又使对方不得不服从这一观点。有时也不免偷换概念，强辞夺理，比如孟子反驳告子"生之为性"的说法时，他有意混淆了非本质属性与本质属性这两个不同的概念。但总的说来，孟子的论述逻辑是严密的，说服力也相当强。

其次，孟子又善于运用比喻的方法来说明道理。汉代赵岐说："孟子长于譬喻，辞不迫切而意以独至。"比如梁惠王自认为他的治国方法是正确的，与邻国不同，孟子便用战争中逃跑的士兵逃五十步者嘲笑逃百步者来作比喻。谁都知道，临阵脱逃的士兵逃五十步的同逃百步的只不过在量的方面有差异而已，作为逃跑的本质上来说有什么不同呢？通过这个比喻，孟子形象地指出梁惠王的治国方法同他的邻国一样，都是错误的。又如齐宣王既要称霸中国，又不施行"仁政"，对这一主观愿望与具体措施之间的矛盾，孟子便用"缘木求鱼"来作比喻，爬到高高的树上去找鱼，真是荒唐得可笑，这就形象生动、一针见血地指出了齐宣王的目的绝对达不到的原因。另外，孟子用楚大夫教他的儿子学说齐国话来说明教育环境的重要，用鱼和熊掌不可兼而有之来比喻自己对生和义的取舍，都是形象鲜明，比喻贴切，说理透彻，深入浅出。更突出的是，孟子还通过一些寓言故事来阐明道理，讽刺现实。比如他为了讽刺当时追求富贵的人的可鄙，讲了“齐人有一妻一妾”的故事，这个人为了吃饱喝足，竟然到祭扫坟墓的人那里去乞讨残酒剩饭，回家后妻子问他，他却说同他一起吃喝的都是富贵人。妻子怀疑，有一次尾随着他，发现了他这种乞讨酒饭的方法，看到了他跑到扫墓的人那里去、一处不足再讨一处的丑态，回来后同妾一起伤心哭泣并讥诮他。他却不知道，依然若无其事地夸耀。在这则故事里，孟子把这位齐人的无耻嘴脸刻画得入木三分，淋漓尽致。我们还能从中感到，这位齐人只是不幸被揭露的一个罢了。正如孟子所说，那种谋取升官发财的人所用的方法能不使他的妻妾引为羞耻的，恐怕是太少了。另外，像孟子用宋国人拔苗助长来讽刺急于求成，用子产的校人烹鱼说明“君子可欺以其方”等。在这许多含讽刺意味的小品中，叙述非常精妙，刻画十分细致，富有很强的哲理性和感染力。

另外，由于孟子有着继承道统、担负大任的使命感，自信心很强，因此表现在文章中气势磅礴，鼓动性很大，像“天将降大任于斯人也”等篇，犹如高屋建瓴，一泻如水，文笔犀利流畅，辞锋凌厉无前。唐代的韩愈、柳宗元，宋代的苏轼、王安石等，无不受《孟子》文章这种风格的影响。《孟子》书中用语如“以邻为壑”、“出类拔萃”、“自暴自弃”、“一暴十寒”等也早已凝固为成语而一直活在后世文学语言之中，这充分说明了《孟子》对后代古典散文的巨大影响。

《孟子》一书，西汉文帝时曾立博士，成为官方正式规定的传授和学习的经典之一，不久又取消。直到唐代由于韩愈等人的推崇，地位才渐高。宋代朱熹以《论语》、《孟子》以及从《礼记》中抽出的《大学》、《中庸》并列为“四书”，成为“经书”之一。元明以后更成为科举内容，从此《孟子》便成了知识分子入学发蒙的必读书，它的影响也就更为广泛和深入了。

历代为《孟子》作注释者比较重要的有汉代赵岐和宋代朱熹两家。清代焦循总结了前人的研究成果，撰成《孟子正义》一书，可以说是集大成的著作。解放以后又有杨伯峻先生的《孟子译注》，在普及方面起了很大的作用。现在我们从《孟子》原书中选译了七十余章，在选择中主要考虑到哲学政治思想和文学特色，力求能反映出《孟子》的基本内容。原文文字以通行本为主择善而从，不提出文字的校勘根据。译文力求做到既贴切原文而又通俗流畅。对原文的理解主要根据赵、朱、焦三家，不对事实提出考辨意见。注释尽量简明，不作繁琐的训诂说明。希望使读者在花费不太多的时间内能对《孟子》一书的主要内容有一个比较全面和准确的理解。当然，这只是我们的主观愿望，是否能达到，还是一个问题。限于我们的水平，本书在这几方面做得必定不够，恳切希望读者给予批评和指正。

刘聿鑫（山东大学文史哲研究院）
刘晓东（山东大学文史哲研究院）

王立于沼上*

* 本章选自《梁惠王上》。

这一章是告诫君主要与民同乐。孟子以"贤者而后乐此,不贤者虽有此不乐也"作为正反两条线索,引了《诗经》中文王的贤和《尚书》中夏桀的不贤,形象地表现了人民拥护贤者和仇恨不贤者这一中心思想。两条线索形成对比,给人以鲜明的印象。

孟子见梁惠王①。王立于沼上,顾鸿雁麋鹿②,曰:"贤者亦乐此乎?"

孟子对曰:"贤者而后乐此,不贤者虽有此,不乐也。《诗》云③:'经始灵台④,经之营之⑤,庶民攻之⑥,不日成之⑦。经始勿亟⑧,庶民子来⑨。王在灵囿⑩,麀鹿攸伏⑪,麀鹿濯濯⑫,白鸟鹤鹤⑬。王在灵沼,於牣鱼跃⑭。'

【注释】

① 梁:即魏。魏惠王因畏秦兵,自安邑(今山西省夏县)迁都大梁(今河南开封),所以魏又称梁。惠王:名罃(yīng),惠是他的谥号。他即位后,在战国诸雄中最为强

大,因之第一个自封为王。② 鸿雁麋(mí)鹿:泛指鸟兽繁多。鸿,大雁。麋,鹿之一种。③《诗》:《诗经·大雅·灵台》。④ 经始灵台:开始筹建灵台。经,经营。灵台,台名,故址在今陕西西安市北。灵有善意,诗人以文王有善德,故称其台为灵台。⑤ 经之营之:又测量又营造。经,测量。之,指灵台。营,营造。⑥ 庶民攻之:百姓都来建造它。庶民,众民。攻,指修建。⑦ 不日成之:没有多久就建成。⑧ 经始勿亟(jí):建造的日期不急迫。亟,急。⑨ 庶民子来:百姓像儿子给父亲做事一样不召自来。⑩ 王在灵囿:文王来到鹿苑中。王,指周文王。囿(yòu),养动物的园子。和灵台一样称为灵。⑪ 麀(yōu)鹿攸伏:母鹿伏在地上。麀,母鹿。攸,所。⑫ 濯濯:肥胖而有光泽的样子。⑬ 鹤鹤:羽毛洁白的样子。⑭ 於(wū)牣(rèn)鱼跃:满池鱼儿齐跳跃。於,句首之词,无意义。牣,充满。

文王以民力为台为沼。而民欢乐之,谓其台曰灵台,谓其沼曰灵沼,乐其有麋鹿鱼鳖。古之人与民偕乐,故能乐也。《汤誓》曰①:‘时日害丧②?予及女偕亡。’民欲与之偕亡,虽有台池鸟兽,岂能独乐哉?”

【注释】

①《汤誓》:《尚书》篇名。② 时:这。日:指夏桀。据汉伏胜《尚书大传》,夏桀自比为日,有“日亡吾亦亡”的话。害(hé):何。丧:灭亡。

【翻译】

孟子进见梁惠王。梁惠王站在水池上，看着那许多鸿雁麋鹿，得意地说："有道德的人也喜欢享受这些东西吗？"

孟子回答说："有道德的人才能享受这些东西，没有道德的人虽然有这些东西，也享受不到。我举周文王和夏桀的例子来说。《诗经》上说：'经始灵台，经之营之，庶民攻之，不日成之。经始勿亟，庶民子来。王在灵囿，麀鹿攸伏，麀鹿濯濯，白鸟鹤鹤。王在灵沼，於牣鱼跃。'周文王虽然用老百姓的力量修建高台池沼，可老百姓都很高兴，把那高台叫灵台，把那池沼叫灵沼，高兴它有各种珍禽异兽。古代的贤君能和百姓同乐，所以他能得到真正的快乐。夏桀却与此相反，老百姓对他非常怨恨。《汤誓》说：'这个太阳什么时候灭亡呀？我们情愿跟你一块灭亡。'老百姓怨恨到要与他同归于尽的程度，虽然有高台池沼鸟兽，难道他能独自享受吗？"

寡人之于国也*

* 本章选自《梁惠王上》。

梁惠王夸耀自己凶年的“移民”、“移粟”之举，比邻国高明，孟子以“五十步笑百步”的生动比喻，指出梁惠王并未根本解决人民的问题，因而也就未能把老百姓吸引到本国来。

孟子认为根本解决问题的办法，是行“王道”。他阐述了想象中王道的具体内容，如“不违农时”，“使民养生丧死无憾”，“七十者衣帛食肉，黎民不饥不寒”，“谨庠序之教，申之以孝悌之义”等等。他尖锐抨击了现实社会中统治者不管人民死活的悲惨情景。要求梁惠王“无罪岁”，而去改革政治，以招引天下之民前来归服。

梁惠王曰：“寡人之于国也①，尽心焉耳矣②。河内凶③，则移其民于河东④，移其粟于河内。河东凶亦然。察邻国之政，无如寡人之用心者。邻国之民不加少，寡人之民不加多⑤，何也？”

孟子对曰：“王好战，请以战喻。填然鼓之⑥，兵刃既接，弃甲曳兵而走⑦。或百步而后止，或五十步而后止。以五十步笑百步，则何如？”

曰：“不可。直不百步耳⑧，是亦走也。”

曰："王如知此，则无望民之多于邻国也。

【注释】

① 寡人：寡德之人，古代王侯自谦之词。② 焉耳矣：三个语气词重叠使用，在于加重语气。③ 河内：当时魏国河内之地，即今河南省黄河北岸济源一带。凶：谓凶年，灾荒之年。④ 河东：即今山西省黄河东部夏县一带。⑤ 加少：更少。加多：更多。⑥ 填然：形容鼓声充塞盛大。古代作战，闻鼓声而进，闻钲声而退。⑦ 甲：铠甲，用金属片连成的护身衣。曳（yè）：拖着。⑧ 直：只是，不过。

"不违农时，谷不可胜食也①；数罟不入洿池②，鱼鳖不可胜食也；斧斤以时入山林③，材木不可胜用也。谷与鱼鳖不可胜食，材木不可胜用，是使民养生丧死无憾也④。养生丧死无憾，王道之始也⑤。

"五亩之宅，树之以桑⑥，五十者可以衣帛矣⑦；鸡豚狗彘之畜⑧，无失其时，七十者可以食肉矣；百亩之田，勿夺其时，数口之家可以无饥矣；谨庠序之教⑨，申之以孝悌之义⑩，颁白者不负戴于道路矣⑪。七十者衣帛食肉，黎民不饥不寒，然而不王者⑫，未之有也。

"狗彘食人食而不知检，涂有饿莩而不知发⑬；人死，则曰：'非我也，岁也。'是何异于刺人而杀之，曰：'非我也，兵也。'王无罪岁，斯天下之民至焉。"

【注释】

① 胜（shēng）：尽。② 数（cù）：细密。罟（gǔ）：渔网。

洿(wū)池:大池。③ 斧斤:斧子。④ 丧(sāng)死:给死者办理丧葬事宜。⑤ 王道:古代以仁德统一天下的政策。⑥ 树:栽种。⑦ 衣(yì):穿。帛(bó):丝织品。⑧ 豚(tún):小猪。彘(zhì 至):猪。畜:养育。⑨ 谨:认真办好。庠序:学校。殷时叫作"序",周时叫作"庠"。⑩ 申:一而再,再而三谓之申。孝:事奉父母。悌(tì):尊敬兄长。⑪ 颁白:即"斑白",指须发半白。负:背着。戴:顶在头上。⑫ 王(wàng):以仁德的政治来统一天下。⑬ 涂:同"途",即道路。莩(piǎo):饿死的人。发:指开仓救济。

【翻译】

梁惠王说:"我对于国家,真是用尽心力了。河内地方年成不好,我就把那里一部分老百姓迁移到河东,同时把河东一部分粮食运到河内。河东年成不好时也是这样办。我曾考察过邻国的政治,没有一个国家像我这样尽心的。可是邻国的老百姓不见减少,我的老百姓也不增多,这是为什么?"

孟子回答说:"王喜欢战争,请让我拿战争打个比方吧。战鼓咚咚一响,兵士的刀枪一交锋,就扔了盔甲拖着兵器向后逃跑。有的一口气跑了一百步停下来,有的一口气跑了五十步停下来。那些用自己跑了五十步去讥笑别人跑了百步,说他胆子小,行不行?"

梁惠王说:"不行。那些跑五十步的只不过没有跑上一百步罢了,这也是逃跑呀。"

孟子说:"王如懂得这个道理,那就不要再希望你的老百姓比邻国多了。

“如果农民耕种收获的节季，不征兵派工妨碍生产，那粮食便会吃不完了。如果不用细密的渔网到池塘里去捕鱼，那鱼类也会吃不完了。如果按一定时间进山砍伐树木，木材就会用不完了。粮食和鱼类吃不完，木材用不尽，这样就使百姓生养死葬没有遗憾了。百姓生养死葬没有遗憾，就是王道的开始。

“在五亩大的宅园中，种上桑树，五十岁以上的人可以穿上丝绵袄了。鸡狗猪等家畜都按时精心喂养，七十岁以上的人可以有肉吃了。一家一户百亩耕地，不要耽误他们耕地和收获的时间，一家几口人就可以有饭吃了。办好学校教育，反复用孝顺父母敬爱兄长的道理教育学生，那么，人人都会尊敬老人，帮助老人，须发花白的人就不会背着、顶着重物件在路上走了。七十岁以上的人能穿上丝绵袄吃上肉，老百姓饿不着冻不着，这样还不能使天下归服的，是从来没有过的事。

“现在富贵人家享乐浪费，猪狗吃人吃的东西却不加以检查制止。路上有饿死的人，却不想打开粮仓救济。老百姓死了，竟然说：‘这不是我的罪过，是年成不好的缘故。’这和拿着刀子杀了人，却说‘这不是我杀的，是兵器杀的’，有什么两样呢？王若不去归罪年成，而去改革政治，这样，天下的老百姓就会投奔你来了。”

寡人愿安承教*

* 本章选自《梁惠王上》。

通过同梁惠王的对话，集中揭露了暴政虐民之害，即：

一、政治方面，孟子说梁惠王的政治像刀子杀人。

二、从执政者说，执政者拿人民吃的粮食去喂养供国君享乐的禽兽，人民饿死，这就等于驱赶禽兽食人。唐杜甫的诗句“朱门酒肉臭，路有冻死骨”，正同此意。

三、从百姓说，俑殉尚且不可，百姓怎么可以活活饿死。

其中“庖有肥肉，厩有肥马，民有饥色，野有饿莩”鲜明强烈的对比，深刻揭露了当时政治的残酷。

梁惠王曰：“寡人愿安承教。”①

孟子对曰：“杀人以梃与刃②，有以异乎？”

曰：“无以异也。”

“以刃与政，有以异乎？”

曰：“无以异也。”

曰：“庖有肥肉③，厩有肥马④，民有饥色，野有饿莩⑤，此率兽而食人也。兽相食，且人恶之⑥；为民父母，行政，不免于率兽而食人，恶在其为民父母也⑦？仲尼曰⑧：‘始作俑者⑨，其无后乎！’为其象人而用之也。如之何其使斯民饥而死也？”

【注释】

① 安：安心乐意。承教：接受教导。② 梃（tǐng）：棍棒。③ 庖（páo）：厨房。④ 厩（jiù）：马棚。⑤ 莩：见《寡人之于国也》注。⑥ 恶（wù）：讨厌。⑦ 恶（wū）：怎么。⑧ 仲尼：孔子的字。⑨ 俑（yǒng）：古代陪葬用的偶人，一般用木制或陶制。最初奴隶主杀死奴隶殉葬，以后逐渐改用偶人。从孔子这句话看，他不知道使用偶人的经过。他认为是先有偶殉，后来才发展成人殉。

【翻译】

梁惠王对孟子说：“我乐意接受您的教导。”

孟子回答说：“用棍子打死人和用刀子杀死人，有什么不同吗？”

王说：“没有什么不同。”

孟子又问道：“用刀子杀死人和用政治害死人，有什么不同吗？”

王说：“也没有什么不同。”

孟子说：“现在您的厨房里有肥美的肉，马棚里有肥壮的马，可是老百姓面带饥色，野外有饿死的人，这等于领着禽兽吃人啊！兽类自相残食，人们尚且厌恶它们这种行为；作为百姓父母的人，掌管政治，却不能摆脱干出类似领着禽兽吃人的事，那又怎么能做老百姓的父母呢？孔子曾说过这样一句话：‘第一个作木偶土偶来殉葬的人，该会断子绝孙没有后代吧！’孔子对此为什么这样深恶痛绝呢？就因为木偶土偶像人而用来殉葬。用像人形的木偶土偶来殉葬尚且不可，又怎么可以使这些老百姓活活饿死呢？”

晋国天下莫强焉*

* 本章选自《梁惠王上》。

本章论述“仁者无敌”的道理。魏国本来强大，后屡败于秦、楚，梁惠王儿子被俘，土地日削，不得已迁都大梁。梁惠王请教战败秦楚，报仇雪恨之策。

孟子首先举出百里见方的小国也可以“王天下”，关键在于行仁政，得民心。这告诉梁惠王不要因失败而气馁，提高了梁惠王胜利的信心，并为梁惠王树立了榜样。其次，对梁惠王详细讲述了仁政内容，使梁惠王明确以后应该怎样做。讲秦楚，着重写其不行仁政给人民造成的痛苦，梁惠王应警惕避免。再次指出行仁政的结果，“可使制梃以挞秦楚之坚甲利兵”。秦楚不行仁政，“王往而征之，夫谁与王敌”。最后作出结论，仁者无敌。

梁惠王曰：“晋国，天下莫强焉①，叟之所知也②。及寡人之身，东败于齐，长子死焉③；西丧地于秦七百里④；南辱于楚⑤。寡人耻之，愿比死者一洒之⑥，如之何则可？”

【注释】

① 晋国：此指魏国。韩、赵、魏三家分晋，被周天子和各国承认为诸侯，称三家为三晋。魏惠王自称为晋国，楚国也称魏国为晋国。焉：于是，这里是"比它(魏)"的意思。② 叟：是对老者的称谓，这里指孟子。③ 东败于齐，长子死焉：魏惠王三十年，魏国攻韩，韩告急于齐。齐出兵救韩击魏。魏败于马陵，太子申被俘，将军庞涓自杀。见《史记·魏世家》。④ 西丧地于秦七百里：魏惠王三十一年，秦孝公派卫鞅率军伐魏，大败魏军。魏割河西和上郡十五县之地献于秦而和。魏遂离开安邑，迁都大梁。见《史记·魏世家》和《商君列传》。⑤ 南辱于楚：魏惠王时，围赵邯郸，楚救赵，取魏睢秽之间土地。见《战国策》。⑥ 比(bì)：代替。一：皆，都。洒(xǐ)：与"洗"通。

孟子对曰："地方百里而可以王①。王如施仁政于民，省刑罚，薄税敛，深耕易耨②。壮者以暇日修其孝悌忠信，入以事其父兄，出以事其长上，可使制梃以挞秦楚之坚甲利兵矣③。

"彼夺其民时，使不得耕耨以养其父母。父母冻饿，兄弟妻子离散。彼陷溺其民，王往而征之，夫谁与王敌？故曰：'仁者无敌。'王请勿疑！"

【注释】

① 地方百里：意为"方百里之地"，即纵横各一百里的

小国。② 易：疾速。耨（nòu）：除草。③ 挞（tà）：用棍棒或鞭子打人。

【翻译】

梁惠王对孟子说："魏国在当时，天下没有比它再强大的国家了，这是您所知道的。但到了我这时候，东边和齐国打仗，败给了齐国，我的大儿子死了；西边又败给秦国，丧失河西土地七百里；南边又受到楚国侮辱。我感到这是奇耻大辱，希望能够替我国所有牺牲的人报仇雪恨，您说怎么办才行？"

孟子回答说："土地见方百里的小国，行仁政可以使天下归服。魏国这样的大国，王如对人民施行仁政，减免刑罚，减轻赋税，督促老百姓深耕细作，早除杂草；使年轻人在闲暇时间，学习孝顺父母、敬爱兄长、做事尽心尽力、待人守信的道德，在家里用来侍奉父亲兄长，出去用来对待上级。这样就是制造木棒也可以抗击秦国楚国拥有坚固盔甲、锋利刀枪的军队了。

"秦国楚国征兵派夫，耽误老百姓的农时，使他们不能耕种来养活父母。父母挨冻挨饿，兄弟妻子儿女东散西逃。秦王楚王使他们的百姓陷于水深火热之中，王若发兵前往征讨，谁能与您抗衡呢？所以说：'行仁政的人，无敌于天下。'请王不要怀疑。"

孟子见梁襄王*

* 本章选自《梁惠王上》。

这一章孟子论述了“不嗜杀人者能一之”的思想。孟子主张国家统一，反对杀人，也就是反对战争。“不嗜杀人者能一之”，也就是行仁政者能统一天下。行仁政者，“天下之民皆引领而望之。”人民归附他，犹旱苗遇雨，犹江河之就下，无可阻挡。

孟子见梁襄王①，出，语人曰②：“望之不似人君，就之而不见所畏焉。卒然问曰③：‘天下恶乎定？’

【注释】

① 梁襄王：梁惠王的儿子，名嗣。② 语（yù）：告诉。③ 卒（cù）：突然，出人意料。

“吾对曰：‘定于一。’

“‘孰能一之？’

“对曰：‘不嗜杀人者能一之。’

“‘孰能与之？’

"对曰：'天下莫不与也。王知夫苗乎？七八月之间旱①，则苗槁矣②。天油然作云③，沛然下雨④，则苗浡然兴之矣⑤。其如是，孰能御之？今夫天下之人牧⑥，未有不嗜杀人者也。如有不嗜杀人者，则天下之民皆引领而望之矣。诚如是也，民归之，由水之就下⑦，沛然谁能御之？'"

【注释】

① 七八月：这是用的周代历法。周历七八月，相当于夏历五六月。② 槁（gǎo）：干枯。③ 油然：盛多的样子。④ 沛然：大雨滂沱的样子。⑤ 浡（bó）然：蓬勃的样子。⑥ 人牧：治理百姓的人，指人君。牧，牧养，这里引申为治理。⑦ 由：同"犹"。

【翻译】

孟子进见梁襄王，出来之后，对人说："远一点望去，不像个国君的样子，走近他，也看不见有什么可敬畏的地方。他突然问我：'天下怎样才能安定？'

"我回答说：'天下安定在于统一。'

"他又问：'谁能统一天下呢？'

"我回答说：'不好杀人的国君能统一天下。'

"他又问：'谁能归附他呢？'

"我回答说：'天下的人没有不归附的。您知道地里禾苗生长的情况吗？七、八月长时间天旱，禾苗就会干枯了。假若天上出现一片黑云，哗哗下一场大雨。禾苗就茂盛地生长起来。像这样，有谁能阻挡它生长呢？当今各国的国君，没有一个不好杀人的。如有不好杀人的，天下的老百姓都会伸长脖子盼望着他来解救自己了。真的是这样，民众归附他，好像江河向地势低处奔流，汹涌澎湃，有谁能阻挡住它呢？”

齐桓晋文之事*

* 本章选自《梁惠王上》。

这一章比较全面地论述了仁政思想。孟子首先肯定保民的重要，又通过生动比喻，指出齐宣王不保民是不为，并非不能。如何保民？要推恩，要“老吾老，以及人之老；幼吾幼，以及人之幼”。两次尖锐地提出“今恩足以及禽兽，而功不至于百姓者独何与”，让齐宣王思考。

齐宣王之所以不保民而王，不推恩于百姓，他是想以力求其大欲。孟子针对他的思想，指出以力图霸一定失败，只有发政施仁，才能胜利。然后正面提出“制民之产”和“驱而之善”两项保民措施。最后指出，实行了这两项措施，则“不王者，未之有也”。

这一章在写作上有以下几个特点：一、论题明确，层次清楚，由远及近，步步推论，逐步揭示出主题。二、体现了孟子善辩的才能。孟子知己知彼，始终站在主动地位，逐步引导齐宣王沿着自己的思路走，最后成功地达到了向齐宣王宣传仁政的目的。三、巧妙地运用比喻，加强了文章的说服力，并使文章更加生动活泼。

齐宣王问曰[①]："齐桓、晋文之事可得闻乎[②]？"孟子对曰："仲尼之徒无道桓、文之事者，是以后世无传焉，臣未之闻也。无以[③]，则王乎？"

曰："德何如，则可以王矣？"

曰："保民而王[④]，莫之能御也。"

曰："若寡人者，可以保民乎哉？"

曰："可。"

【注释】

① 齐桓、晋文：齐桓公名小白，晋文公名重耳，在春秋时先后称霸，与秦穆公、楚庄公、宋襄公合称为春秋五霸。② 齐宣王：姓田，名辟疆。齐威王的儿子。③ 无以：不愿停止，如果非说说不可的话。以，同"已"，止、竟。④ 保：安定。

曰："何由知吾可也？"

曰："臣闻之胡龁曰[①]，王坐于堂上，有牵牛而过堂下者，王见之，曰：'牛何之？'对曰：'将以衅钟[②]。'王曰：'舍之[③]！吾不忍其觳觫[④]，若无罪而就死地[⑤]。'对曰：'然则废衅钟与？'曰：'何可废也？以羊易之！'——不识有诸？"

曰："有之。"

曰："是心足以王矣。百姓皆以王为爱也，臣固知王之不忍也。"

【注释】

① 胡龁(hé):齐宣王的近臣。② 衅(xìn)钟:古时新钟铸成,杀牲取血,涂抹钟的缝隙,使之完固。③ 舍:放下,舍弃。④ 觳觫(hú sù):恐惧发抖的样子。⑤ 若:这样。

王曰:“然,诚有百姓者。齐国虽褊小[①],吾何爱一牛?即不忍其觳觫,若无罪而就死地,故以羊易之也。”

曰:“王无异于百姓之以王为爱也[②]。以小易大,彼恶知之?王若隐其无罪而就死地[③],则牛羊何择焉?”

王笑曰:“是诚何心哉?我非爱其财而易之以羊也。宜乎百姓之谓我爱也。”

曰:“无伤也,是乃仁术也[④],见牛未见羊也。君子之于禽兽也,见其生,不忍见其死;闻其声,不忍食其肉。是以君子远庖厨也。”

王说曰[⑤]:“《诗》云[⑥]:‘他人有心[⑦],予忖度之[⑧]。’夫子之谓也。夫我乃行之,反而求之,不得吾心。夫子言之,于我心有戚戚焉[⑨]。此心之所以合于王者,何也?”

【注释】

① 褊(biǎn):狭小。② 异:奇怪。③ 隐:哀怜的意思。④ 仁术:行仁政的方法。⑤ 说:同“悦”,高兴。⑥ 诗:指《诗经·小雅·巧言》。⑦ 他人有心:别人有什么想法。

⑧ 予忖度(cǔn duó)之:我能揣想到。⑨ 戚戚:因合于本意而心动。

曰:“有复于王者曰[1]:‘吾力足以举百钧[2],而不足以举一羽;明足以察秋毫之末[3],而不见舆薪[4],则王许之乎?”

曰:“否。”

“今恩足以及禽兽,而功不至于百姓者,独何与?然则一羽之不举,为不用力焉;舆薪之不见,为不用明焉;百姓之不见保,为不用恩焉。故王之不王,不为也,非不能也。”

【注释】

① 复:报告。② 钧:三十斤。③ 秋毫:秋天鸟兽新换的细毛。末:末梢。④ 舆:车子。薪:木柴。

曰:“不为者与不能者之形何以异?”

曰:“挟太山以超北海,语人曰:‘我不能。’是诚不能也。为长者折枝[1],语人曰:‘我不能。’是不为也,非不能也。故王之不王,非挟太山以超北海之类也;王之不王,是折枝之类也。”

【注释】

① 折枝:历来有三种解释:一、折取树枝;二、弯腰行

礼；三、按摩搔痒。第二种解释“弯腰行礼”比喻轻而易举，于义为长。枝，通“肢”。

“老吾老，以及人之老；幼吾幼，以及人之幼①。天下可运于掌。《诗》云②：‘刑于寡妻③，至于兄弟④，以御于家邦⑤。’言举斯心加诸彼而已。故推恩足以保四海，不推恩无以保妻子。古之人所以大过人者，无他焉，善推其所为而已矣。今恩足以及禽兽，而功不至于百姓者，独何与？

“权⑥，然后知轻重；度⑦，然后知长短。物皆然，心为甚。王请度之！

“抑王兴甲兵，危士臣，构怨于诸侯，然后快于心与？”

王曰：“否，吾何快于是？将以求吾所大欲也。”

曰：“王之所大欲可得闻与？”

王笑而不言。

【注释】

① 老老幼幼：前“老”字，尊敬；后“老”字，老人。前“幼”字，爱护；后“幼”字，幼儿。②《诗》：指《诗经·大雅·思齐》。③ 刑于寡妻：先给妻子做榜样。刑，同“型”，这里用作动词，犹言示范，作出榜样。寡，大。④ 至于兄弟：推广到兄弟。⑤ 以御于家邦：再推广到国家。御，推进。⑥ 权：秤锤，这里用作动词，指称物。⑦ 度（duó）：考虑，估计。

曰："为肥甘不足于口与？轻暖不足于体与？抑为采色不足视于目与？声音不足听于耳与？便嬖不足使令于前与[①]？王之诸臣皆足以供之，而王岂为是哉？"

曰："否，吾不为是也。"

曰："然则王之所大欲可知已，欲辟土地[②]，朝秦楚[③]，莅中国而抚四夷也[④]。以若所为求若所欲[⑤]，犹缘木而求鱼也。"

王曰："若是其甚与？"

曰："殆有甚焉[⑥]。缘木求鱼，虽不得鱼，无后灾。以若所为求若所欲，尽心力而为之，后必有灾。"

曰："可得闻与？"

曰："邹人与楚人战[⑦]，则王以为孰胜？"

曰："楚人胜。"

曰："然则小固不可以敌大，寡固不可以敌众，弱固不可以敌强。海内之地方千里者九，齐集有其一。以一服八，何以异于邹敌楚哉？盖亦反其本矣[⑧]。

【注释】

① 便嬖(pián bì)：指在王左右亲近的宠爱者。② 辟：开辟。③ 朝(cháo)：使之来朝见，使动用法。④ 莅(lì)：临。四夷：四方的少数民族。⑤ 若：如此。⑥ 殆(dài)：几乎，大概。有：同"又"。⑦ 邹：国名，在今山东邹城一带，领土很小。楚：国名，原在今湖北和湖南北部，后扩展到今河南、江苏、安徽、江西、四川，领土很大。⑧ 盖：同"盍"，"何不"的合音。

“今王发政施仁，使天下仕者皆欲立于王之朝，耕者皆欲耕于王之野，商贾皆欲藏于王之市，行旅皆欲出于王之涂，天下之欲疾其君者，皆欲赴愬于王①。其若是，孰能御之？”

王曰：“吾惛②，不能进于是矣。愿夫子辅吾志，明以教我。我虽不敏，请尝试之。”

曰：“无恒产而有恒心者，惟士为能。若民，则无恒产，因无恒心。苟无恒心，放辟邪侈③，无不为已。及陷于罪，然后从而刑之，是罔民也④。焉有仁人在位罔民而可为也？是故明君制民之产，必使仰足以事父母，俯足以畜妻子，乐岁终身饱，凶年免于死亡。然后驱而之善，故民之从之也轻⑤。

【注释】

① 愬：同“诉”。② 惛：同“昏”，昏乱。③ 放：放荡。辟：同“僻”，也是邪的意思。侈：不守法制。④ 罔民：谓使民陷入法网。罔，同“网”。⑤ 轻：容易。

“今也制民之产，仰不足以事父母，俯不足以畜妻子；乐岁终身苦，凶年不免于死亡。此惟救死而恐不赡①，奚暇治礼义哉？

“王欲行之，则盍反其本矣②：五亩之宅，树之以桑，五十者可以衣帛矣。鸡豚狗彘之畜，无失其时，七十者可以食肉矣。百亩之田，勿夺其时，八口之家可以无饥矣。谨庠序之教，申之以孝悌之义，颁白者不负戴

于道路矣。老者衣帛食肉，黎民不饥不寒，然而不王者，未之有也。”

【注释】

① 赡(shàn)：足够。② 盍：“何不”的合音。

【翻译】

齐宣王问孟子说：“齐桓公、晋文公称霸的事业，可以讲给我听听吗？”

孟子回答说：“孔子的学生们没有谈论齐桓公、晋文公事情的，因此，后代没有流传下来，我也没曾听说过。如果一定要我说，我就说说用道德的力量统一天下的王道吧。”

齐宣王问道：“有什么样的道德，就可以统一天下了呢？”

孟子说：“用使老百姓安居乐业的方法去统一天下，没有人能够阻挡的。”

齐宣王问：“像我这样的人，可以使老百姓安居乐业吗？”

孟子说：“可以。”

齐宣王又问：“您怎么知道我可以呢？”

孟子说：“我听胡龁说过这样一件事：有一次王坐在堂上，有人牵牛从堂下走过，您看到了问：‘牵着牛上哪儿去？’那牵牛的人回答说：‘要把它杀了祭钟。’您说：‘放了它吧！我不忍看它那哆嗦可怜的样子，这样没有罪而把它送进屠宰场。’那人便说：‘那么，就不祭钟了吗？’您说：‘怎么可以不祭钟呢？用只羊换它。’——不知有这回事吗？”

齐宣王说："有这回事。"

孟子说："这种好心足够可以统一天下了。老百姓都以为王吝啬，我早就知道您是于心不忍。"

齐宣王说："对呀！的确有这样误解我的百姓。齐国虽然小，我怎么吝惜一头牛？我就是不忍看它那种哆嗦可怜的样子，这样没有罪而把它送进屠宰场，所以拿羊换它。"

孟子说："您莫怪百姓以为您吝惜。羊小牛大，用小的换下大的来，他们怎么知道您的用意呢？王若可怜牛无罪而被送进屠宰场，那么牛和羊又有什么区别呢？"

宣王笑着说："这究竟是什么想法呢？我的确不是吝惜财物才用羊换牛。您这么一说，百姓说我吝惜财物是应当的了。"

孟子说："没有关系，您这种不忍之心，正是仁爱，因为您只见到牛没有见到羊。君子对于飞禽走兽，看见它们活着，便不忍心看见它们死去；听到它们的声音，便不忍吃它们的肉。因此，君子远远地离开厨房。"

齐宣王高兴地说："《诗经》上说：'他人有心，予忖度之。'这话好像说的就是您。我自己做了这件事，反过来问问自己为什么这样做，却说不出所以然来。您老人家这么一说，对于我的心来讲，豁然明亮了。我这种心情合于王道，又是什么道理呢？"

孟子说："假若有人向您报告说：'我的力气能够举起三千斤，却拿不动一根羽毛；我的眼力能够看清秋天鸟的细毛，却看不见一车子柴火，你相信这种话吗？"

齐宣王说："不相信。"

孟子说："如今您的恩德足以达到禽兽身上，却不能使百姓得到好处，这是为什么呢？这样看来，一根羽毛拿不起来，是因为不用力气；一车柴火看不见，是因为不用眼力；百姓不能安居乐业，是因为您不肯施恩。所以您不用王道统一天下，只是不肯做，不是不能做。"

宣王说："不肯做和不能做在现象上有什么不同呢？"

孟子说："用胳膊挟着泰山跳过北海，对别人说，'这个我不能。'这是真的不能。给老年人弯腰作揖，对人说，'这个我不能。'是不肯做，不是不能做。所以您不用王道统一天下，不是属于用胳膊挟着泰山跳过北海一类的；您不用王道统一天下，是属于给老年人弯腰作揖一类的。

"尊敬我家里的老人，进而推广到尊敬别人家里的老人；爱护我家里的子女，进而推广到爱护别人家里的子女。一切政治措施都这样进行，要统一天下就像在手里运转东西那样容易了。《诗经》上说：'刑于寡妻，至于兄弟，以御于家邦。'这就是说把这样好心扩大到其他方面就行了。所以说把恩惠由近及远地推广开去，便能够安定天下；不这样，甚至无法保护妻子儿女。古代的圣贤之所以大大地超过一般人，没有别的诀窍，只是善于推行他们的好行为罢了。如今您的恩德足以达到禽兽身上，却不能使百姓得到好处，这是为什么呢？

"称一称，然后知道轻重；量一量，然后知道长短。什么东西都这样，人的心更是如此，请您考虑一下吧！

"难道您想调动军队，使将士冒着生命危险，去和别的国家结怨仇，然后心里才痛快吗？"

齐宣王说："不。我为什么这样做才痛快呢？我之所以这样做，是要求满足我的最大欲望啊！”

孟子说：“王的最大欲望是什么呢？可以说给我听听吗？”

齐宣王笑了笑，却不说话。

孟子说：“是为了肥美的食品不够吃的吗？又轻又暖的衣服不够穿的吗？或者为了艳丽的彩色不够看吗？美妙的音乐不够听吗？伺候的人不够使唤吗？这些，您手下的人员都能尽量供应满足，难道您是为了这些吗？”

齐宣王说：“不，我不是为这些。”

孟子说：“那么王的最大欲望可以知道了。您是想扩张土地，使秦楚都来称臣朝见，统治中国，同时安抚四周的外族。不过，以您这样的做法，来满足您这样的欲望，就像爬到树上去捉鱼一样。”

齐宣王说：“竟然这样严重吗？”

孟子说：“恐怕比这严重呢。爬到树上捉鱼，虽得不到鱼，却没有后患。以您这样的做法来满足您这样的欲望，如果尽力去做，不但达不到目的，必有后患。”

齐宣王说：“这是为什么？您可以说说我听听吗？”

孟子说：“假设邹国人和楚国人打仗，您以为哪一个国家会打胜呢？”

齐宣王说：“楚国会打胜。”

孟子说：“从这里可以看出，小国不可以和大国为敌，人口少的国家不可以和人口多的国家为敌，弱国不可以和强国为敌。中国的土地，千里见方那样大的共有九处，齐国土地总起来，只有九分之一。以九分之一的力量想征服九分之八，这和邹国跟楚国为敌，有什么不同呢？王还是从根本着手吧！

“现在您如果发布政令施行仁德，会使天下的士大夫都想到齐国的朝廷上做官，农民都想到齐国田地里耕种，商人都想到齐国的市场上做买卖，来往旅客都想通过齐国的道路，天下痛恨本国君主的人，都想到您这里来控诉。能做到这样，谁能抵挡得住呢？”

齐宣王说：“我头脑昏乱，不能进一步领会你说的这些道理。希望您帮助我达到目的，明明白白地教导我。我虽然不聪敏，请让我试一试。”

孟子说：“没有固定的产业收入，却有坚定的道德观念，只有士人才能做到。至于一般人，假若没有一定的产业收入，便也没有坚定的道德观念。如果没有坚定的道德观念，就会胡作非为，违法乱纪，什么坏事都能干得出来。等到他们犯了罪，然后加以刑罚，这等于陷害人民。哪有仁德的执政，能做出陷害人民的事呢？所以贤明的君主规定人民的产业，必定使他们上能赡养父母，下能抚养妻子儿女。好年成，丰衣足食；坏年成，也不至于饿死。然后再引导他们走善良的正道，人民自然易于听从。

“今天呢，规定人民的产业，上不能够赡养父母，下不能抚养妻子儿女，好年成艰难困苦，坏年成只有饿死。这样每个人只想活命都怕来不及，哪有闲工夫学习礼义呢？

“王如果要行仁政，何不从根本上着手呢？每家给五亩地的住宅，四周种上桑树，五十岁以上的人可以穿上丝绵袄了。鸡、猪、狗这些家畜，要及时地饲养繁殖，七十岁以上的老年人都可以有肉吃了。一家一户的百亩耕地，不要耽误他们耕种的时间，八口的人家，可以吃饱了。办好各级学校教育，反复地讲述孝顺父母、尊敬兄长的道理，须发花白的老人就不至于背扛着、头顶着东西走路了。老年人都穿上丝棉袄，吃上肉，老百姓吃得饱、穿得暖，这样还不能使天下归服，那是绝不会有的事。”

庄暴见孟子*

* 本篇选自《梁惠王下》。

这一章，孟子就齐宣王好乐，启发他与民同乐，以实现自己的仁政主张。开头，孟子对庄暴和齐宣王两次提出“王之好乐甚，则齐国其庶几乎”，指出齐王好乐是和齐国盛衰攸关的大问题。接着用步步深入的问答方式，启发宣王在思想上认识，只有把个人的快乐和老百姓的快乐结合起来，才是真正的好乐，才能得到真正的快乐。这种爱民思想便是仁政。下面又描述了实行不与民同乐和与民同乐，在老百姓中引起的两种截然不同的强烈反应。用具体实例告诉宣王，不与民同乐是不可取的，只有与民同乐，才能使天下归服。

庄暴见孟子①，曰：“暴见于王②，王语暴以好乐③，暴未有以对也。”曰：“好乐何如？”

孟子曰：“王之好乐甚，则齐国其庶几乎！”

他日，见于王曰：“王尝语庄子以好乐，有诸④？”

王变乎色，曰：“寡人非能好先王之乐也，直好世俗之乐耳。”

曰：“王之好乐甚，则齐其庶几乎！今之乐由古之乐也[5]。"

曰："可得闻与？"

曰："独乐乐，与人乐乐，孰乐[6]？"

曰："不若与人。"

曰："与少乐乐，与众乐乐，孰乐？"

曰："不若与众。"

【注释】

① 庄暴:齐国的臣。② 见于王:是"被王接见"。前面的"见孟子",是来看孟子。王:指齐宣王。③ 语(yù):告诉。④ 有诸:有之乎。⑤ 由:通"犹"。⑥ 乐乐:前一个乐字指音乐,作动词用,是奏乐和听乐的意思;后一个乐字和"孰乐"的乐,是快乐的乐。

"臣请为王言乐[1]。今王鼓乐于此，百姓闻王钟鼓之声、管籥之音[2]，举疾首蹙颎而相告曰[3]：'吾王之好鼓乐，夫何使我至于此极也[4]？父子不相见，兄弟妻子离散。'今王田猎于此[5]，百姓闻王车马之音，见羽旄之美[6]，举疾首蹙颎而相告曰：'吾王之好田猎，夫何使我至于此极也？父子不相见，兄弟妻子离散。'此无他，不与民同乐也。

"今王鼓乐于此，百姓闻王钟鼓之声、管籥之音，举欣欣然有喜色而相告曰：'吾王庶几无疾病与，何以能鼓乐也？'今王田猎于此，百姓闻王车马之音，见羽旄之美，举欣欣然有喜色而相告曰：'吾王庶几无疾病与，何

以能田猎也？'此无他，与民同乐也。今王与百姓同乐，则王矣⑦。"

【注释】

①此句以下为孟子的话，前面省一"曰"字。乐：读lè。②管籥（yuè）：两种乐器名，如今天的笙箫之类。③举：皆，都。疾首：谓头痛。疾，痛。蹙頞（cù è）：皱眉头。頞，鼻梁。頞与额不同。④极：困穷。⑤田猎：就是打猎。⑥羽旄（máo）：古代旗帜的一种，用雉鸡、旄牛尾装饰旗竿，故名。⑦王（wàng）：古代称君主有天下。

【翻译】

庄暴来看孟子，说道："我去朝见王，王告诉我，他爱好音乐，当时我不知道应该怎么回答。"接着又问："爱好音乐好不好？"

孟子说："王如果非常爱好音乐，齐国就差不多搞好了。"

另一天，孟子拜见齐宣王，说："您曾经告诉庄暴，说您爱好音乐，有这回事吗？"

齐宣王顿时脸红了，不好意思地说："我不能爱好古代的音乐，只是爱好社会上一般流传的乐曲罢了。"

孟子说："只要您非常爱好音乐，齐国就很不错了。现在社会上流传的音乐和古代音乐都是一样的。"

齐宣王说："这道理您可说说我听听吗？"

孟子说："一个人自己欣赏音乐快乐，跟别人一块欣赏音乐也快乐，哪一种更快乐呢？"

齐宣王说："不如跟别人一块欣赏音乐快乐。"

孟子说："和少数人欣赏音乐快乐，和多数人欣赏音乐也快乐，哪一种更快乐呢？"

齐宣王说："不如和多数人欣赏音乐快乐。"

孟子说："那么，请让我给您谈谈欣赏音乐和娱乐的道理吧。假使王在这儿击鼓奏乐，老百姓听到王敲钟鼓、吹箫笛的声音，都感到头痛，愁眉苦脸地互相议论说：'我们国王这样爱好音乐，为什么使我落到这步田地呢？父子不能见面，兄弟妻子儿女四处离散！'假使王在这儿打猎，老百姓听到王车马的声音，看见华丽的羽仗旗帜，都感到头痛，愁眉苦脸地说：'我们国王这样爱好打猎，为什么使我落到这步田地呢？父子不能见面，兄弟妻子儿女东离西散！'这没有别的原因，就因为王只图自己快乐，不和人民一块娱乐的缘故。

"假使王在这儿击鼓奏乐，老百姓听到王敲钟鼓、吹箫笛的声音，都会喜笑颜开地互相转告：'我们国王身体大概很好吧，要不怎能击鼓奏乐呢？'假使王在这儿打猎，老百姓听到王车马的声音，看见华丽的羽仗旗帜，都会眉开眼笑地互相转告：'我们国王身体大概很健康吧，要不怎能打猎呢？'这没有别的原因，就因为王不是只图自己快乐，而是和老百姓共同娱乐的缘故。如果王现在和老百姓一块娱乐，就可以使天下归服了。"

文王之囿*

* 本章选自《梁惠王下》。

这一章与上章相接，也是阐述"与民同乐"的道理。齐宣王问孟子，文王的苑囿方七十里，他的苑囿方四十里，人民为什么还以为大呢？孟子告诉他，问题不在苑囿面积大小，关键在"与民同之"。与民同之，则民以为小，不与民同之，则民以为大。

齐宣王问曰："文王之囿方七十里①，有诸？"

孟子对曰："于传有之②。"

曰："若是其大乎③？"

曰："民犹以为小也。"

曰："寡人之囿方四十里，民犹以为大，何也？"

曰："文王之囿方七十里，刍荛者往焉④，雉兔者往焉⑤，与民同之。民以为小，不亦宜乎？臣始至于境，问国之大禁⑥，然后敢入。臣闻郊关之内有囿方四十里⑦，杀其麋鹿者如杀人之罪。则是方四十里为阱于国中⑧。民以为大，不亦宜乎？"

【注释】

① 囿（yòu）：古代帝王畜养草木禽兽的园林。

② 传(zhuàn):古传记。③ 若是其大:“其”在这里的用法同“之”字。④ 刍(chú):喂牲口的草。荛(ráo):柴草。这里用作动词。⑤ 雉(zhì):野鸡。⑥ 大禁:重要的禁令。⑦ 郊关:四境的关隘。⑧ 阱(jǐng):用以捕野兽的陷坑。

【翻译】

齐宣王问孟子说:“据说周文王的园林七十里见方,有这回事吗?”

孟子回答说:“在古书上有这样的记载。”

齐宣王说:“真有这么大吗?”

孟子说:“老百姓还以为小呢!”

齐宣王说:“我的园子四十里见方,老百姓还以为大,这是为什么呢?”

孟子说:“文王的园子七十里见方,割草打柴的去,打鸟捕兽的也去,与老百姓一块享用。老百姓觉得太小,不也应该吗?而您的园子,与此相反。我刚到齐国边界的时候,先问明齐国重要的禁令,然后才敢入境。我听说齐国首都郊外,有您畜养禽兽的园子四十里见方,谁杀了里面的麋鹿,等于犯了杀人罪。这四十里见方的地面,就等于在国内设置了一个大陷阱来坑害老百姓。老百姓以为大,不也应该吗?”

齐宣王见孟子于雪宫*

* 本章选自《梁惠王下》。

这一章，孟子叙述晏婴劝齐景公不要只图自己游乐，要关心人民的疾苦，景公接受了晏子的劝告，行仁政，开仓拿出粮食赈济人民，以此启发齐宣王要爱护百姓，并虚心接受贤者的建议。

齐宣王见孟子于雪宫[①]。王曰："贤者亦有此乐乎？"

孟子对曰："有。人不得，则非其上矣。不得而非其上者，非也；为民上而不与民同乐者，亦非也。乐民之乐者，民亦乐其乐；忧民之忧者，民亦忧其忧。乐以天下[②]，忧以天下，然而不王者，未之有也。

"昔者齐景公问于晏子曰[③]：'吾欲观于转附、朝儛[④]，遵海而南，放于琅邪[⑤]，吾何修而可以比于先王观也[⑥]？'

"晏子对曰：'善哉问也！天子适诸侯曰巡狩[⑦]。巡狩者，巡所守也。诸侯朝于天子曰述职。述职者，述所职也。无非事者。春省耕而补不足[⑧]，秋省敛而助不给。夏谚曰："吾王不游，吾何以休？吾王不豫[⑨]，吾

何以助？ 一游一豫，为诸侯度。”

【注释】

① 雪宫：齐宣王的离宫，离宫类似今天的别墅。唐李吉甫《元和郡县图志》谓雪宫故址在唐时青州府临淄县东北六里。② 以：与。③ 齐景公：春秋时齐国国君，姓姜名杵臼。晏子：齐景公的宰相，名婴。④ 观：游。转附、朝儛（wǔ）：据后人考证，转附，即今山东的芝罘（fú）。朝儛，为山东的成山角（一说召石山）。⑤ 放：到。琅邪（láng yá）：山名，在今山东青岛黄岛（原胶南）。⑥ 修：修养。⑦ 狩（shòu）：冬天打猎。⑧ 省（xǐng）：视察。⑨ 豫：同“游”。

今也不然：师行而粮食，饥者弗食，劳者弗息。睊睊胥谗①，民乃作慝②。方命虐民③，饮食若流。流连荒亡，为诸侯忧。从流下而忘反谓之流，从流上而忘反谓之连，从兽无厌谓之荒④，乐酒无厌谓之亡。先王无流连之乐、荒亡之行。惟君所行也。’

“景公悦，大戒于国，出舍于郊。于是始兴发补不足⑤。召大师曰⑥：‘为我作君臣相说之乐！’⑦盖《徵招》、《角招》是也⑧。其诗曰：‘畜君何尤？’⑨畜君者，好君也。”

【注释】

① 睊睊（juàn）：怒目相视貌。胥：都。谗：毁谤。② 慝（tè）：邪恶。统治者把劳动人民的不满言论和反抗行

为诬蔑为谗慝，译文只能就原意翻译。③ 方命：违命。④ 从兽：指打猎。荒：废。⑤ 兴：举行，谓行惠政。发：打开仓廪。⑥ 大师：古代高级乐官。大，同“太”。⑦ 君臣：指景公与晏子。说：同“悦”。⑧ 徵招（zhǐ sháo）、角招：古乐章名。徵角，古代五音（宫商角徵羽）中的两个。招，同“韶”。⑨ 畜君何尤：这样喜爱国君有什么不对呢？畜（xù）：爱好，喜爱。尤：罪过。

【翻译】

齐宣王在他的别墅雪宫里接见孟子。宣王说：“贤德的人也有这种快乐吗？”

孟子回答说：“有。人们得不到这种快乐，就会埋怨他们的君主了。得不到这种快乐便埋怨他们的君主，是不对的；作为百姓的君主不与百姓共同享受这种快乐，也是不对的。以百姓的快乐为自己快乐的人，百姓也会以他的快乐为自己的快乐；以百姓的忧愁为自己忧愁的人，百姓也会以他的忧愁为自己的忧愁。和天下同乐，和天下同忧，这样还不使天下归服的，是从来不曾有的事。

“从前齐景公问晏子说：‘我想逛逛转附、朝儛两座山，然后顺着海边向南，一直到琅邪。我应该怎样做，才能比得上古代圣王的巡游呢？’

“晏子回答曰：‘问得好啊！天子到诸侯的国家去叫巡狩。巡狩就是巡视诸侯所守的疆土。诸侯去朝见天子叫述职。述职就是汇报诸侯职守的情况。巡狩或述职，没有不和当时的工作相结合的。春天巡视耕种情况，对青黄不接的农民给予补助。秋天巡视收成情况，对缺粮户给予补助。夏朝的谚语说:"我王不出游,我怎么得到休息?我王不出游,我怎么得到补助?我王出来走走,足以作为诸侯的法度。"现在情况不同了:国君一出来巡游,兴师动众,筹粮运米,弄得饥饿的人吃不上饭,劳苦的人得不到休息。人们都气愤得横眉侧视,怨声载道,这样百姓就要为非作歹了。这样违背天意,虐待百姓,大吃大喝像流水般没完没了。流连忘返,荒亡无形,使诸侯忧愁。怎么叫流连荒亡呢?从上游向下游游玩,乐而忘返叫作流,从下游向上游游玩,乐而忘返叫作连,打猎没有厌倦叫作荒,酗酒没有节制叫作亡。过去的圣贤君主无流连的游乐、荒亡的行为。两种巡游选择哪一种,由您决定吧!'

"景公听了十分高兴,先在都城里作好充分准备,然后到郊外住下。于是开始行惠政,开仓拿出粮食赈济贫穷的人民。又把乐官召来,对他说:'给我作一首君臣同乐的歌曲!'大概就是《徵招》《角招》两首歌。歌词说:'畜君何尤?'畜君就是爱君的意思。"

人皆谓我毁明堂*

* 本章选自《梁惠王下》。

这一章阐述了王政的内容，并指出实行王政应与民同欲的道理。王政主要体现在对耕者、仕者、关市等各行各业的政策上，特别强调指出，对鳏、寡、孤、独，必先发政施仁。然而齐宣王借口"好货"、"好色"，不行王政。孟子没有否定齐宣王的好货、好色，而是要求他把这种情欲和老百姓的情欲结合起来，与百姓同之。孟子认为如能作到这样，就可以使天下归服。

齐宣王问曰："人皆谓我毁明堂①，毁诸？已乎②？"

孟子对曰："夫明堂者，王者之堂也。王欲行王政，则勿毁之矣。"

王曰："王政可得闻与？"

对曰："昔者文王之治岐也③，耕者九一④，仕者世禄⑤，关市讥而不征⑥，泽梁无禁⑦，罪人不孥⑧。老而无妻曰鳏⑨，老而无夫曰寡，老而无子曰独，幼而无父曰孤：此四者，天下之穷民而无告者。文王发政施仁，必先斯四者。《诗》云⑩，'哿矣富人⑪，哀此茕独。[12]’”

王曰：“善哉言乎！”

曰：“王如善之，则何为不行？”

【注释】

① 谓我：劝我。明堂：古代天子宣明政教的地方，朝会、祭祀、庆赏等大典都在明堂进行。② 已：止，即不毁。③ 岐：今陕西岐山。④ 耕者九一：井田制每井九百亩，周围八家各一百亩，叫作私田。中间一百亩叫作公田，由八家代替公家耕种。这样公家便取得九分之一的收益，故曰“耕者九一”。⑤ 仕者世禄：当时大夫以上的官职才能如此。⑥ 讥：察问。征：征税。⑦ 泽梁：在沼泽河流中拦水捕鱼的设备。⑧ 孥（nú）：妻子和儿女。这里用作动词。⑨ 鳏（guān）：男子无妻。⑩《诗》：指《诗经·小雅·正月》。⑪ 哿（gě 舸）矣富人：过得称心如意的要算富人。哿，可。⑫ 哀此茕（qióng）独：最可怜的还是这些无依无靠的人。茕，独。

王曰：“寡人有疾，寡人好货。”

对曰：“昔者公刘好货[1]，《诗》云：‘乃积乃仓[2]，乃裹糇粮[3]，于橐于囊[4]。思戢用光[5]。弓矢斯张[6]，干戈戚扬[7]，爰方启行。’[8]故居者有积仓，行者有裹囊也[9]，然后可以爰方启行。王如好货，与百姓同之，于王何有？”

王曰：“寡人有疾，寡人好色。”

对曰："昔者太王好色[10]，爱厥妃。《诗》云[11]：'古公亶父，来朝走马[12]。率西水浒[13]，至于岐下[14]。爰及姜女[15]，聿来胥宇[16]。'当是时也，内无怨女[17]，外无旷夫[18]。王如好色，与百姓同之，于王何有？"

【注释】

① 公刘：后稷的后代，周代从他开始创业。② 乃：于是。积：指露天积粮。仓：粮仓。这里用作动词。③ 乃裹糇（hóu 猴）粮：包装好干粮。④ 于橐（tuó）于囊：装满橐囊。橐囊：口袋，袋子。橐小两头有底，旁边开口以盛物。囊大无底，盛物后扎其两头。⑤ 思戢用光：使人民安定，以光大国威。思：无义。戢（jí）：同"辑"，安集。用：以。光：大。⑥ 弓矢斯张：箭上弦，弓开张。⑦ 干戈戚扬：都是武器名。干是挡刀箭的盾。戈，长柄上装有横刃，可直刺也可钩伤敌人。戚、扬都是斧类，扬比戚大。⑧ 爰：于是。方：开始。启行：出发。⑨ 裹囊：干粮装进口袋里。⑩ 太王：公刘九世孙，即古公亶父。⑪《诗》：指《诗经·大雅·绵》。⑫ 来朝：清早。走马：驰马。⑬ 率：沿。水：指漆水。浒：水边。⑭ 岐：岐山，在今陕西岐山。⑮ 爰及姜女：带着妻子姜氏女。爰：语助词，无义。姜女：就是太姜，太王之妃。⑯ 聿来胥宇：来察看地势，筹建房屋。聿：语助词，无义。胥：视察。宇：房舍。⑰ 怨女：没有丈夫的女子。⑱ 旷夫：没有妻子的男人。

【翻译】

齐宣王问孟子道："人们都劝我拆毁明堂，是拆了呢，还是不拆?”

孟子回答说:“明堂是统一天下的王者的殿堂。您如果要实行王政,就不要把它拆毁了。”

宣王说:“怎么实行王政,您可以讲给我听听吗?”

孟子回答说:“过去周文王治理岐周,对农民征收九分之一的税率;作官的子孙可以世代承袭俸禄;关卡和市场上,只稽查,不征税;人们到河流沼泽中捕鱼,不禁止;对犯罪的人只对本人施加刑罚,不牵连他的妻子儿女。老而没有妻子的男人叫鳏夫,老而没有丈夫的女人叫寡妇,没有子女的老人叫孤独者,死了父亲的儿童叫孤儿:这四种人是社会上最穷苦而没有依靠的人。周文王发布政命,施行仁政,必先考虑这四种人。《诗经》上说:‘哿矣富人,哀此茕独。’”

宣王说:“这话说得真好呀!”

孟子说:“您如果认为这话好,那为什么不实行呢?”

宣王说:“我有个毛病,我喜欢钱财,实行王政怕有困难。”

孟子回答说:“过去公刘也喜欢钱财,《诗经》上说:‘乃积乃仓,乃裹糇粮,于橐于囊。思戢用光。弓矢斯张,干戈戚扬,爰方启行。’所以,留在家里的人有存粮,行军的人有干粮,然后才可以开始出发。您如果喜欢钱财,和老百姓一块,对于实行王政有什么不可以呢?”

宣王说:“我有个毛病,我喜欢女人,实行王政恐怕也有困难。”

孟子回答说:“过去太王也喜欢女人,非常疼爱他的妃子。《诗经》上说:‘古公亶父,来朝走马。率西水浒,至于岐下。爰及姜女，聿来胥宇。'当这个时候，没有找不着丈夫的老处女，也没有找不着妻子的单身汉。您如果喜欢女人，和老百姓一块，对于实行王政有什么不可以呢？"

王之臣有托其妻子于其友*

* 本章选自《梁惠王下》。

这一章通过两个比喻，向齐宣王发问，促使他思考，启发他对人民关心负责。

“四境之内不治，则如之何?”言外之意，对这样的国君也要“弃之”、“已之”。孟子这一发问大胆尖刻，逼得齐宣王只好“顾左右而言他”。

孟子谓齐宣王曰：“王之臣有托其妻子于其友而之楚游者，比其反也①，则冻馁其妻子②，则如之何？”

王曰：“弃之。”

曰：“士师不能治士③，则如之何？”

王曰：“已之④”。

曰：“四境之内不治⑤，则如之何？”

王顾左右而言他。

【注释】

① 比(bì)：等到。② 馁(něi)：饥饿。③ 士师：司法官。士：这里指司法官的下属。④ 已：停止，罢免。⑤ 不治：政治很坏。

【翻译】

孟子对齐宣王说："您有一个臣子把妻子儿女托付给他的朋友照顾，自己游楚国去了。等他回来时，他的妻子儿女却在挨冻挨饿。对这样的朋友，应该怎么办？"

齐宣王说："和他断绝来往。"

孟子说："假如司法官不能管理他的下级，那该怎么办？"

齐宣王说："撤他的职！"

孟子说："一个国家里政治搞得很糟，那又该怎么办呢？"

齐宣王无话回答，回头看着左右而谈别的事了。

所谓故国者*

* 本章选自《梁惠王下》。

这一章说明了国家要依靠贤臣作支柱，并讲了识别人才的方法。孟子指出，识别人才首先要“慎”。国家的臣，“用”、“去”、“杀”，只听左右、诸大夫之言不行，要倾听国人意见然后加以审查，才能做到“慎”。只有这样，才能得到真正的贤者，去掉不贤者。也只有这样，才可以为民父母。

孟子见齐宣王，曰：“所谓故国者①，非谓有乔木之谓也②，有世臣之谓也③。王无亲臣矣，昔者所进，今日不知其亡也④。”

王曰：“吾何以识其不才而舍之？”

曰：“国君进贤，如不得已，将使卑逾尊⑤，疏逾戚，可不慎与？左右皆曰贤，未可也；诸大夫皆曰贤，未可也；国人皆曰贤，然后察之；见贤焉，然后用之。左右皆曰不可，勿听；诸大夫皆曰不可，勿听；国人皆曰不可，然后察之；见不可焉，然后去之。左右皆曰可杀，勿听；诸大夫皆曰可杀，勿听；国人皆曰可杀，然后察之；见可杀焉，然后杀之。故曰，国人杀之也。如此，然后可以为民父母。”

【注释】

① 所谓：所说。故国：历史悠久的国家。② 乔木：高大树木。③ 世臣：世代建立功勋的臣。④ 亡：去位，去职。⑤ 逾：超过。

【翻译】

孟子进见齐宣王，说：“我们平常所说的历史悠久的国家，不是那个国家有高大树木的意思，而是有几代功勋贤臣的意思。您现在没有亲信的臣子了。过去所进用的人，今天想不到都去职了。”

齐宣王说：“我怎么识别他们没有才能，而不用他们呢？”

孟子说：“国君选拔贤才，如果不得已要选拔新秀，那将会使地位低的人超过地位高的人，关系疏远的人超过关系密切的人，对这种事能不慎重吗？因此，国君选用人时，左右的人都说某人好，不可轻信；朝里官员都说某人好，也不可轻信；全国人都说好，然后了解他；见他确实好，再任用他。左右的人都说某人不行，先别听；朝里官员都说他不行，也别听；全国人都说他不行，然后了解他；见他确实不行，再撤掉他。左右的人都说某人应该杀，先别听；朝里官员都说他应该杀，也别听；全国人都说他应该杀，然后了解他；发现确实应该杀，再杀掉他。所以说是全国人杀了他。这样，才可以真正作百姓的父母。”

汤 放 桀*

* 本章选自《梁惠王下》。

这一章，孟子从实际情况出发，对儒家关于君臣关系的观念，作了灵活的解说。他认为“贼仁”、“贼义”的人不配称君，是独夫。因而他赞同“汤放桀，武王伐纣”的正义行为。他并不机械地把君看成神圣不可侵犯的东西。孟子这种看法是从人民利益出发，是进步的。

齐宣王问曰：“汤放桀①，武王伐纣②，有诸？”

孟子对曰：“于传有之。”

曰：“臣弑其君③，可乎？”

曰：“贼仁者谓之‘贼’，贼义者谓之‘残’④。残贼之人谓之‘一夫’⑤。闻诛一夫纣矣⑥，未闻弑君也。”

【注释】

① 汤放桀：汤，商朝开国君主。桀，夏朝末代君主。夏桀暴虐无道。商汤兴兵讨伐，将他流放到南巢，其地在今安徽巢湖。② 武王伐纣（zhòu）：商末纣王无道，周武王出兵讨伐。纣王大败，自焚而死。③ 弑：谓以下杀上。

④ 贼仁贼义：此“贼”义为破坏、残害。⑤ 一夫：即独夫。⑥ 诛：指合乎正义的讨杀。

【翻译】

齐宣王问孟子说：“商汤流放夏桀，周武王讨伐殷纣王，有这回事吗？”

孟子回答说：“在古书上有这样的记载。”

齐宣王说：“臣子杀他的君王，可以吗？”

孟子说：“残害仁爱的人叫作‘贼’，破坏道义的人叫作‘残’。残贼的人，叫作‘独夫’。我只听说周武王杀了个独夫殷纣王，没听说过是臣子杀掉国君。”

齐人伐燕胜之*

* 本章选自《梁惠王下》。

齐国伐燕获胜，齐宣王认为这是天意，欲乘机吞并燕国。孟子告诉齐宣王取不取燕国要看燕国民意，燕国民悦则取，燕国民不悦则不取。这表明战争目的要符合人民利益，而不是为了占领土地。孟子还告诉宣王，齐伐燕获胜，不是天意，也不是人力强大，而是燕国人民为了避水火，背弃燕君。战争胜负取决于人心向背。如齐使燕国人民陷于水深火热之中，燕国人民也不再归服齐国。

齐人伐燕，胜之①。宣王问曰："或谓寡人勿取，或谓寡人取之。以万乘之国伐万乘之国②，五旬而举之，人力不至于此③。不取，必有天殃④。取之，何如？"

孟子对曰："取之而燕民悦，则取之。古之人有行之者，武王是也⑤。取之而燕民不悦，则勿取。古之人有行之者，文王是也⑥。以万乘之国伐万乘之国，箪食壶浆以迎王师⑦，岂有他哉？避水火也。如水益深，如火益热，亦运而已矣⑧。"

【注释】

① 齐人伐燕：齐宣王五年，燕王哙(kuài)把王位让给国相子之，国人不服，发生内乱。齐宣王便乘机出兵伐燕，很快取得胜利。② 万乘(shèng)之国：指拥有万辆兵车的国家。按规定天子才能拥有万辆兵车，这时齐燕等国扩张土地，军力发展，也拥有万辆兵车，所以称万乘之国。一车四马叫乘。③ 五旬而举之，人力不至于此：据《史记·燕世家》载，齐军攻打燕国时，燕国军队不战，城门不关，燕王哙死，子之逃亡，齐军速胜。所以齐宣王认为这是天意，人力不至于此。举：攻克，占领。④ 不取，必有天殃：这是当时久已流传的观念。齐宣王以此为借口，为吞并燕国作辩解。⑤ 古之人有行之者，武王是也：《史记·周本纪》载，武王率兵伐纣，纣军虽多，都无战斗之心，盼望武王早到，反而倒戈，为武王开路。武王兵至商都，商都百姓早等在城郊迎候。⑥ 古之人有行之者，文王是也：《论语·泰伯》说周文王三分天下有其二，还服事殷商，以为取殷商时机尚未成熟。⑦ 箪(dān)：古代盛饭的竹筐。⑧ 运：转。

【翻译】

齐国人攻打燕国，战胜了它。齐宣王问孟子说："有人劝我不要吞并燕国，有人劝我吞并它。以一个拥有万辆兵车的大国去攻打同样拥有万辆兵车的大国，只五十天便攻下了它，光靠人力达不到这样，一定有天意。如果我们不吞并它，上天会觉得我们违背他的意旨，降下天灾来。吞并了它，怎样？"

孟子回答说:“吞并它如果燕国人民高兴,就吞并它。古人有这样作的,周武王便是。吞并它,如果燕国人民不高兴,就不要吞并它。古人有这样作的,周文王便是。以一个拥有一万辆兵车的大国来攻打同样拥有一万辆兵车的大国,燕国百姓用筐子盛着饭,用壶盛着酒浆来迎接您的军队,难道有别的意思吗?不过是想逃避水深火热的苦难生活。如果燕国被吞并后,他们的灾难更加深重,燕国人民也只好到别处逃难了。”

齐人伐燕取之*

* 本章选自《梁惠王下》。

这一章通过正反两方面的事实，重申了战争目的是解救人民而不是占领土地的原则。商汤征伐，诛暴君而吊其民，民望之若大旱之望云雨。齐人伐燕违背这一原则，不行仁政，故诸侯将谋救燕。

齐人伐燕，取之。诸侯将谋救燕。宣王曰："诸侯多谋伐寡人者，何以待之？"

孟子对曰："臣闻七十里为政于天下者，汤是也①。未闻以千里畏人者也。《书》曰②：'汤一征，自葛始③。'天下信之，东面而征④，西夷怨；南面而征，北狄怨⑤，曰：'奚为后我？'民望之，若大旱之望云霓也⑥。归市者不止，耕者不变，诛其君而吊其民⑦，若时雨降。民大悦。《书》曰：'徯我后⑧，后来其苏⑨。'今燕虐其民，王往而征之，民以为将拯己于水火之中也，箪食壶浆以迎王师。若杀其父兄，系累其子弟⑩，毁其宗庙，迁其重器，如之何其可也？天下固畏齐之强也，今又倍地而不行仁政，是动天下之兵也。王速出令，反其旄倪⑪，止其重器，谋于燕众，置君而后去

之，则犹可及止也。”

【注释】

① 汤：是商朝的开国君主，当时商纵横只有七十里。②《书》：《尚书》逸文。③ 葛：古国名，在今河南宁陵。④ 面：向。⑤ 夷、狄：古代民族名。⑥ 霓：虹霓。早晨西方出现虹霓，是下雨的象征。⑦ 吊：抚慰。⑧ 徯：等待。后：君主。⑨ 苏：同“甦”，苏醒，复活。⑩ 系累：拴缚，捆绑。⑪ 旄倪（mào ní）：旄同“耄”，八九十岁的老人。倪：通“儿”，小孩。

【翻译】

齐国攻打燕国，占领了它。其他诸侯国谋划援救燕国。齐宣王说：“很多诸侯国商量攻打我，怎么对待呢？”

孟子回答说：“我只听说凭借七十里见方的土地来统一天下的，商汤便是，没有听说领有千里见方的国土而害怕别国的。《尚书》上说：‘商汤出征，从葛国开始。’天下人都相信他，向东方征伐，西方的人民便埋怨他；向南方征伐，北方的人民便埋怨他，说：‘为什么把我们放在后面呢？’人民盼望他，就像大旱时庄稼盼下雨一样。他的军队所到之处，做买卖的不停止营业，种庄稼的照常下地干活，杀了他们暴虐的国君来安抚受残害的人民，他的到来，像下了及时雨。人民非常喜欢。《尚书》中说：‘等待我们的君主来啊，他来了，我们就活命了。’如今燕国君主虐待他的老百姓，您去征伐他，燕国人民以为您要把他们从水深火热的苦难中解救出来，所以纷纷用竹筐盛着饭、用壶盛着酒浆迎接您的军队。您却杀了他们的父兄，掳掠他们的子弟，毁坏他们的宗庙，运走他们的宝器，这怎么能行呢？天下本来害怕齐国的强大，现在齐国土地扩大了一倍而不行仁政，这自然要惊动天下的军队来对付您了。您赶快发布命令，送回他们的老老小小，停止搬运他们的宝器，跟燕国百姓商量，择立一位燕王，然后从燕国撤退，这样做，要使诸侯停止起兵，还是来得及的。”

邹与鲁閧*

* 本章选自《梁惠王下》。

这一章通过邹国与鲁国打仗，邹国有关官吏死了三十三人、百姓不救的事实，说明了统治阶级如何对待人民群众，人民群众就以同样方式对待统治阶级。最后孟子告诫邹穆公，要行仁政。君主行仁政，民众就亲爱其长上，并为长上尽死力。

邹与鲁哄①。穆公问曰②："吾有司死者三十三人③，而民莫之死也④。诛之，则不可胜诛；不诛，则疾视其长上之死而不救⑤，如之何则可也？"

孟子对曰："凶年饥岁，君之民老弱转乎沟壑⑥，壮者散而之四方者，几千人矣⑦；而君之仓廪实，府库充，有司莫以告，是上慢而残下也。曾子曰⑧：'戒之戒之！出乎尔者，反乎尔者也。'夫民今而后得反之也。君无尤焉⑨！君行仁政，斯民亲其上，死其长矣。"

【注释】

① 邹：古国名，在今山东邹城，距鲁国很近。哄(hòng)：交战，争斗。② 穆公：邹穆公。③ 有司：古代设

官分职，各有专司，因称官吏为有司。④ 莫之死：即“莫死之”的倒装。“之”指有司。⑤ 疾视：仇视。⑥ 转：弃尸的意思。⑦ 几(jī)：将近，几乎。⑧ 曾子：孔子弟子曾参。⑨ 尤：责怪。

【翻译】

邹国和鲁国打仗。邹穆公问孟子说：“这次交战，我的官吏牺牲了三十三人，老百姓却没有一个为他们效死的。杀了他们吧，又不能杀那么多；不杀吧，他们仇视长官，眼睁睁看着长官被杀死而不营救，实在气人。您看怎么办才好呢？”

孟子回答说：“灾荒年月，您的百姓，年老体弱的死了，尸体丢在山沟里，年青力壮的便到处逃荒，这样的差不多有千人了。而您粮仓的粮食满满的，国库的财宝也是满满的，这些情况，您的官吏谁也不来报告。这是在上的不关心人民疾苦，而且残害他们。曾子曾说过：‘要警惕啊！要警惕啊！你怎样对待人家，人家也怎样对待你。’老百姓从此以后，有机会就要报复长官们了。您不要责怪他们！您如果实行仁政，老百姓便自然爱护上级，并甘心为他们牺牲了。”

滕小国也间于齐楚*

*本章选自《梁惠王下》。

这一章说明，一个国家，不要依赖大国，受其摆布，要团结人民坚持独立自主的原则。

滕文公问曰："滕①，小国也，间于齐、楚。事齐乎，事楚乎？"

孟子对曰："是谋非吾所能及也。无已，则有一焉；凿斯池也②，筑斯城也，与民守之，效死而民弗去③，则是可为也④。"

【注释】

① 滕：古国名，在今山东滕州。间(jiàn)：处在中间。② 池：护城河。③ 效死：不惜牺牲生命。④ 是：这样。可为：值得做，很有前途。

【翻译】

滕文公问孟子说："滕国是一个弱小的国家，处在齐国和楚国之间。是事奉齐国呢，还是事奉楚国呢？"

孟子回答说："决定这样重大的国策，不是我所能做到的。如果您一定要我说，那就只有一个办法：把护城河挖深，把城墙筑坚固，和老百姓一道捍卫它，宁肯献出生命，老百姓也不离开它。这样办，是可以有为的。”

夫子当路于齐*

*本章选自《公孙丑上》。

这一章反映了孟子反对霸道，主张仁政的思想。当公孙丑问孟子，您如果在齐国当权，管仲、晏子辅佐齐王称霸的事业是否可以再度兴起时，孟子对霸道持鄙视态度，认为管仲的功绩是卑小的，孟子以为实行仁政古难今易。齐国是“地不改辟”、“民不改聚”的大国，这两个条件都胜过文王。如能行仁政，人民望之如“解倒悬”，就能收到事半功倍的效果。

公孙丑问曰①：“夫子当路于齐②，管仲、晏子之功③，可复许乎④？”

孟子曰：“子诚齐人也！知管仲、晏子而已矣。或问乎曾西曰⑤：‘吾子与子路孰贤⑥？’曾西蹴然曰⑦：‘吾先子之所畏也⑧。’曰：‘然则吾子与管仲孰贤？’曾西艴然不悦⑨，曰：‘尔何曾比予于管仲？管仲得君，如彼其专也！行乎国政，如彼其久也！功烈，如彼其卑也！尔何曾比予于是？’”曰：“管仲，曾西之所不为也，而子为我愿之乎？”

曰：“管仲以其君霸⑩，晏子以其君显⑪。管仲、晏子犹不足为与？”

曰：“以齐王[12]，由反手也[13]！”

【注释】

① 当路：指掌握政权。② 公孙丑：孟子弟子，姓公孙名丑。③ 管仲、晏子：管仲，齐桓公之相，辅佐齐桓公建立霸业。晏子：即晏婴，曾相齐灵公、庄公、景公，是有名的政治家。④ 许：兴起。⑤ 曾西：孔子弟子曾参的孙子。⑥ 吾子：亲密尊敬的对称敬词。子路：孔子弟子仲由的字。⑦ 蹴（cù）然：恭敬不安的样子。⑧ 先子：指曾参。古人用以称其逝世的先辈。⑨ 艴（fú）然：恼怒的样子。⑩ 以：凭着。⑪ 显：显名。⑫ 王（wàng）：使天下归服，以德统一天下。⑬ 由：同“犹”。反手：翻手。

曰：“若是，则弟子之惑滋甚[1]。且以文王之德，百年而后崩[2]，犹未洽于天下[3]。武王、周公继之[4]，然后大行[5]。今言王若易然[6]，则文王不足法与？”

曰：“文王何可当也？由汤至于武丁[7]，贤圣之君六七作[8]，天下归殷久矣，久则难变也。武丁朝诸侯，有天下，犹运之掌也。纣之去武丁未久也[9]，其故家遗俗[10]，流风善政，犹有存者，又有微子、微仲、王子比干、箕子、胶鬲[11]，皆贤人也，相与辅相之[12]，故久而后失之也。尺地莫非其有也，一民莫非其臣也，然而文王犹方百里起[13]，是以难也。齐人有言曰：‘虽有智慧，不如乘势；虽有镃基[14]，不如待时。’今时则易然也。

夏后、殷、周之盛，地未有过千里者也，而齐有其地矣。鸡鸣狗吠相闻，而达乎四境，而齐有其民矣。地不改辟矣⑮，民不改聚矣⑯，行仁政而王，莫之能御也。且王者之不作，未有疏于此时者也⑰；民之憔悴于虐政⑱，未有甚于此时者也。饥者易为食，渴者易为饮⑲。孔子曰：'德之流行，速于置邮而传命⑳。'当今之时，万乘之国行仁政，民之悦之，犹解倒悬也。故事半古之人，功必倍之。惟此时为然。"

【注释】

① 滋：益，更。② 百年而后崩：文王九十七岁去世。崩：古代天子死叫崩。③ 洽：沾湿，浸润。④ 武王：文王的儿子。周公：武王的弟弟，曾辅佐武王。⑤ 大行：谓德化大行于天下。⑥ 王：同上页注⑫。⑦ 汤、武丁：都是殷代君主。⑧ 贤圣之君：指太甲、大戊、祖乙、盘庚、武丁等。作：兴起。⑨ 纣：商代末世暴君。⑩ 故家：有功勋的旧臣之家。⑪ 这五个人都是纣王时的贤臣。⑫ 相与：共同。辅相：辅佐协助。⑬ 犹：同"由"。⑭ 镃（zī）基：锄头。⑮ 改辟：再开辟。⑯ 改聚：再聚集。⑰ 疏：指时间隔得久远。⑱ 憔悴：困苦。⑲ 这两句是说，在百姓极端困苦的情况下行仁政，最容易被百姓接受。⑳ 置邮：古代用车马传递文书讯息。

【翻译】

公孙丑问孟子说："您如果在齐国掌了权，管仲、晏子的功业可以再度兴起吗？"

孟子说："你真是个齐国人！只知道管仲、晏子罢了。

以前有人问曾西说:'您和子路相比,谁强一些?'曾西恭敬不安地说道:'他是我父亲所敬畏的人,我哪敢和他相比呢?'那人又问:'那么,您和管仲相比,哪一个强?'曾西马上不高兴地说:'你为什么竟把我和管仲相比呢?管仲得到齐桓公的赏识,是那样的专一!行使国家政权,是那样的长久!但成就的功业,却那样微不足道!你为什么竟把我和他相比?'"孟子稍微停了一会又说:"管仲是曾西都不屑学的人,你以为我愿意学他吗?"

公孙丑说:"管仲辅佐桓公,使桓公建立了霸业;晏子辅佐景公,使景公名扬诸侯。管仲、晏子还不值得学吗?"

孟子说:"凭齐国这样的大国行仁政来统一天下,易如反掌。"

公孙丑说:"照您这样说,我更加迷惑不解了。像文王那样的德行,而且活了将近一百岁才去世,他的德泽还没有浸润到全天下。武王和周公继续他的事业,然后大力推行王道,才统一了全国。如今您把统一天下说得这样容易,那么,文王也不值得效法了吗?"

孟子说:"文王怎么可以比得上呢?从商汤到武丁,贤明的君主有了六七起,天下归服殷朝已经很久了,时间一久就难以改变。武丁使诸侯来朝,把天下治理好,就好像在手掌里运转东西一般。纣王距离武丁的年代不太久,当时有功勋的旧臣之家,先代留下的良好习俗,流传下来的好风尚、仁爱的政教,还有存在的。又有微子、微仲、王子比干、箕子、胶鬲,都是贤德的人,共同辅佐他,所以经过很久时间以后才亡了国。当时没有一尺土地不是纣王所有,没有一个百姓不是纣王的臣民,然而文王由百里见方的小国兴起，因此是很难的。齐国人有句俗话：‘虽有聪明，不如趁形势；虽有镃头，不如待农时。’现在的时势就容易行王政统一天下了。在夏、商、周三代最强盛的时期，土地没有超过纵横千里的，现在齐国却有这样广阔的土地了。鸡鸣狗叫处处相闻，从首都一直到达四方边境，人烟十分稠密，齐国有这么多的百姓。土地不用再开辟了，人民不用再增加了，只要行仁政来统一天下，就没有人能够阻止他。而且统一天下的贤明之君不出现的时间，历史上从来没有隔得这样久远。人民被暴虐的政治压迫得这样困苦，历史上没有超过这时的了。饥饿的人不苛择食物，口渴的人不苛择饮料。孔子说：‘德政的流行，比车马传递政令还迅速。’现在这个时候，拥有万辆兵车的国家实行仁政，老百姓的高兴，好像解下倒悬的人一般。所以做古人一半的事，就可以获得成倍的效果。只有在这个时候才能做得到。”

宋人有闵其苗之不长者*

*本节选自《公孙丑上》“夫子加齐之卿相”章。

这一节揠苗助长，比喻违反事物的发展规律，急于求成，反而坏事。

宋人有闵其苗之不长而揠之者①，芒芒然归②，谓其人曰：“今日病矣③！予助苗长矣！”其子趋而往视之，苗则槁矣。天下之不助苗长者寡矣。以为无益而舍之者，不耘苗者也④；助之长者，揠苗者也——非徒无益，而又害之。

【注释】

① 宋：国名，在今河南商丘。闵：忧。揠（yà）：拔。② 芒芒然：疲劳的样子。③ 病：疲惫。④ 耘：除草。

【翻译】

宋国有一个忧愁禾苗不长而去把它拔高的人，非常疲劳地回去，对家里人说：“今天累坏了！我帮助禾苗生长了。”他的儿子赶忙跑去一看，禾苗都干枯了。世上不去帮助禾苗生长的人是很少的。以为培养工作没有益处，而放弃不干的，就是种庄稼不锄草的懒汉；违反生长规律，帮助庄稼生长的是拔苗的人。这种拔苗助长的做法，不但没有好处，反而伤害了它。

子路人告之以有过则喜*

* 本章选自《公孙丑上》。

这一章阐述了与人为善的重要意义。所谓与人为善，即主动积极地学习别人的优点来行善。孟子举出大舜就是“舍己从人，乐取于人以为善”的人。并指出他从种庄稼、做瓦器、打渔，一直到做天子，之所以有这么大成就，优点都是从别人那里吸取来的。所以与人为善是人的一种很高的德行。

孟子曰：“子路，人告之以有过，则喜。禹闻善言①，则拜。大舜有大焉②，善与人同③，舍己从人，乐取于人以为善。自耕稼、陶、渔以至为帝，无非取于人者。取诸人以为善，是与人为善者也。故君子莫大乎与人为善。”

【注释】

① 禹：相传治水有功，舜让位于他，建立夏朝。② 有：同“又”。③ 善与人同：即与人同善，也就是下文的“与人为善”。

【翻译】

孟子说："子路，别人告诉他有过错，他就高兴。夏禹听到了有益的话，便向人拜谢。伟大的舜比他们两个更了不起，他愿意跟别人一同做好事，抛弃自己不对的，接受人家对的，非常快乐地学习别人的优点来做好事。他从种庄稼、做瓦器、打渔，一直到做天子，没有一处优点不是从别人那里学习来的。学习别人的优点来做好事，这就是和别人一同做好事。所以君子的德行，再也没有比和别人一同做好事更重大的了。"

天时不如地利*

*本章选自《公孙丑下》。

这一章阐明了战争胜败的关键,决定于人心的向背。得道者多助,失道者寡助。孟子这个认识是总结了前人许多次经验而提出的。经过无数历史事实检验,这个结论是正确的。

孟子曰:“天时不如地利①,地利不如人和②。三里之城③,七里之郭④,环而攻之而不胜。夫环而攻之,必有得天时者矣;然而不胜者,是天时不如地利也。城非不高也,池非不深也⑤,兵革非不坚利也⑥,米粟非不多也。委而去之⑦,是地利不如人和也。故曰:域民不以封疆之界⑧,固国不以山溪之险,威天下不以兵革之利。得道者多助,失道者寡助。寡助之至,亲戚畔之⑨;多助之至,天下顺之。以天下之所顺,攻亲戚之所畔;故君子有不战⑩,战必胜矣。”

【注释】

① 天时:指时令、气候、时机。地利:指高城、深的护城河、山川险阻等。② 人和:指人心所向,内部团结。③ 城:内城。④ 郭:外城。⑤ 池:指护城河。⑥ 兵:兵器。

革：皮革制成的甲胄。⑦ 委：放弃。⑧ 域民：使百姓在一定区域居住，受自己统治。封疆：疆界。⑨ 亲戚：古指父母兄弟、内外亲属，后专指族外姻亲。畔：同“叛”。⑩ 有：或者。

【翻译】

孟子说：“天时不如地利，地利不如人和。譬如有座三里的小城，七里的外郭，敌人包围起来攻打它而不能取胜。在长时间围攻中，一定有得天时的战役；可是还不能取胜，这就是天时不如地利了。再譬如另一守城者，城墙不是不高，护城河不是不深，士卒的兵器和盔甲不是不锋利和不坚固，粮食不是不多；然而敌人一进攻，便弃城而逃，这就是占地利不如人和了。所以说，限制人民不必靠国家的边界，保卫国家不必靠山川的险阻，使天下威服不必靠武器的锐利。行仁政的人，帮助他的就多，不行仁政的人，帮助他的就少。帮助的人少到极点时，连自己的亲属都离开他；帮助的人多到极点时，天下人都归顺他。以天下人都归顺的力量攻打亲属都背离的人，所以仁德之君或者不用战争，一用战争是必然胜利了。”

孟子将朝王*

* 本章选自《公孙丑下》。

这一章通过孟子不接受齐王召见，表明了孟子对君臣关系的看法与态度。他认为君臣关系应建立在仁义的基础上。当景丑氏说未见孟子对齐王恭敬时，孟子说："我非尧舜之道，不敢以陈于王前"，这是对齐王最大的尊敬。臣对君不应该只在礼节形式上表示恭顺。另一方面，君对臣，要"尊德乐道"，不能"好臣其所教，而不好臣其所受教"，君尊贵不应表现在地位的优越上。

孟子将朝王①，王使人来曰："寡人如就见者也②，有寒疾，不可以风。朝，将视朝③，不识可使寡人得见乎？"

对曰："不幸而有疾，不能造朝。"

明日，出吊于东郭氏④。公孙丑曰："昔者辞以病，今日吊，或者不可乎？"

曰："昔日疾，今日愈，如之何不吊？"

王使人问疾，医来。

孟仲子对曰⑤："昔者有王命，有采薪之忧⑥，不能造朝。今病小愈，趋造于朝，我不识能至否乎？"

使数人要于路[7]，曰："请必无归，而造于朝！"

不得已而之景丑氏宿焉[8]。

景子曰："内则父子，外则君臣，人之大伦也[9]。父子主恩，君臣主敬。丑见王之敬子也，未见所以敬王也。"

【注释】

① 朝王：朝见齐王。② 如：当。③ 视朝（cháo）：临朝听政。④ 东郭氏：以东郭为姓氏的齐大夫。⑤ 孟仲子：孟子的堂兄弟，跟孟子学习。⑥ 采薪之忧：谓有病不能上山打柴，是疾病的代词，为当时交际的习惯语。⑦ 要（yāo）：拦截。⑧ 景丑氏：齐大夫。⑨ 伦：伦常，封建伦理道德。以君臣、父子、夫妇、兄弟、朋友为五伦，认为这是不变的常道。

曰："恶！是何言也！齐人无以仁义与王言者，岂以仁义为不美也？其心曰，'是何足与言仁义也'云尔[1]，则不敬莫大乎是。我非尧舜之道，不敢以陈于王前，故齐人莫如我敬王也。"

景子曰："否，非此之谓也。《礼》曰，'父召，无诺[2]；君命召，不俟驾[3]。'固将朝也，闻王命而遂不果[4]，宜与夫礼若不相似然[5]。"

曰："岂谓是与？曾子曰：'晋、楚之富，不可及也；彼以其富，我以吾仁；彼以其爵，我以吾义[6]，吾何慊乎哉[7]？'夫岂不义而曾子言之？是或一道也。天下有达尊三[8]：爵一，齿一，德一。朝廷莫如爵，乡党莫如齿，辅世长民莫如德。恶得有其一以慢其二哉？故将大有为之君，必有所不召之臣；欲有谋焉，则就之。其尊德乐道，不如是，不足与有为也。故汤之于伊尹，学焉而后臣之，故不劳而王；桓公之于管仲，学焉而后臣之，故不劳而霸。今天下地丑德齐[9]，莫能相尚，无他，好臣其所教，而不好臣其所受教。汤之于伊尹，桓公之于管仲，则不敢召。管仲且犹不可召，而况不为管仲者乎？”

【注释】

① 云尔：表示必然没有疑问的语助词。② 诺：答应声，但不立即行动。③ 不俟（sì）驾：不等待驾好马车。④ 不果：终于没有实行。⑤ 宜：犹“殆”，几乎，差不多。⑥“彼以其富”四句，每句后可能都省去主要动词“为满足”等字样。⑦ 慊（qiǎn）：少，不足，意动用法。⑧ 达尊：普遍尊贵的事。⑨ 丑：类同，相似。

【翻译】

孟子将要朝见齐王，正好齐王派了个人来说：“我本来应当来看你，可是感冒了，不能外出见风。明天早晨，我将临朝听政，不知能够使我见到你吗？”

孟子回答说：“我也不幸有点病，不能到朝廷里去。”

第二天，孟子要到东郭大夫家里吊丧。公孙丑说：“昨天托辞有病不上朝见齐王，今天出去吊丧，大概不合适吧？”

孟子说："昨天有病，今天好了，为什么不可以吊丧呢？"

齐王派人来问病，医生也来了。

孟仲子应付说："昨天王命召见，他有点小病，不能上朝廷。今天病好了点，已经上朝廷去了，我不知道能够到达不？"

孟仲子马上便派了好几个人分头在孟子回家的路上拦截孟子，说："您千万别回家，赶快上朝廷去。"

孟子不得已，只好到景丑氏家里暂住一宿。

景丑说："在家里就是父子，在家以外就是君臣，这是人与人之间最大的伦常关系。父子之间以慈爱为主，君臣之间以恭敬为主。我只见齐王很尊敬您，没见您怎么尊敬齐王。"

孟子说："哎！这是什么话！齐国人中，没有向齐王进言仁义的，他们难道认为仁义不好吗？不是的。他们心里是这样想，'这个王哪里够得上和他谈仁义之道呢'，这才是对齐王最大的不恭敬呢！而我，不是尧舜之道，不敢拿来在王前陈说，所以齐国人没有赶上我尊敬齐王的了。"

景丑说："不，我不是说的这个。《礼》书中说，'父亲召唤儿子时，答应一声"唯"就起身，不慢腾腾地说"诺"；君下令召见臣子，不等驾好车马就动身。'您本来打算朝见齐王，可是一听到王命反而不去了，恐怕与《礼》书上说的有些不相合吧。"

孟子说："原来你说的是这个呀！曾子说：'晋国和楚国的财富，我们是赶不上的；但是，他凭的是财富，我凭的是仁；他仗的是爵位，我仗的是义，我为什么会感到比他少什么呢?’这些话假若没有道理,曾子难道还说它吗?恐怕是有道理的。天下普遍认为尊贵的东西有三种:爵位是一个,年龄是一个,道德是一个。在朝廷中没有赶上爵位的;在乡里中,没有赶上年龄的;辅佐君主统治百姓,没有赶上道德的。怎能凭着他的爵位来轻视我的年龄和道德呢?所以大有作为的君主,必定有他不能召唤的臣子。若有重大国事商量,就亲自到他那里去。君主应重视道德,乐于行仁政,如果不是这样,便不能与贤德的臣下有所作为。所以商汤对于伊尹,先向伊尹学习,然后用他作臣,不用费很大力气就统一了天下;齐桓公对于管仲,先向管仲学习,然后用他作臣,不用费很大力气就称霸诸侯。现在,大国之间,土地大小差不多,道德风气也一样,谁也不超过谁,这没有别的缘故,只是因为他们喜欢以听话的人为臣,而不喜欢以能教导他的人为臣。商汤对于伊尹,桓公对于管仲,就不敢召唤。管仲这样的人都不可以召唤,何况不屑做管仲的人呢?”

孟子之平陆*

* 本章选自《公孙丑下》。

这一章，孟子严肃批评了齐国君臣对人民疾苦漠不关心的错误态度。孟子对君臣采取了不同的斗争方式。大夫孔距心对自己的错误狡辩抵赖，孟子予以驳斥，迫使他不得不承认错误。对齐王则从侧面启发，使齐王认识了自己的错误。

孟子之平陆[①]，谓其大夫曰[②]：“子之持戟之士，一日而三失伍[③]，则去之否乎？”

曰：“不待三。”

“然则子之失伍也亦多矣。凶年饥岁，子之民，老羸转于沟壑，壮者散而之四方者，几千人矣。”

曰：“此非距心之所得为也。”

曰：“今有受人之牛羊而为之牧之者，则必为之求牧与刍矣[④]。求牧与刍而不得，则反诸其人乎？抑亦立而视其死与？”

曰：“此则距心之罪也。”

他日，见于王曰：“王之为都者[⑤]，臣知五人焉。知其罪者，惟孔距心。”为王诵之[⑥]。

王曰："此则寡人之罪也。"

【注释】

① 平陆：齐国边境邑名，在今山东汶上。② 大夫：平陆的最高行政长官。③ 失伍：擅自离开行伍。④ 牧：指牧场。刍：草料。⑤ 为都：治理都邑。⑥ 诵：复述。

【翻译】

孟子到了平陆，对当地的县令说："你的战士如果一天三次擅离职守，你开除他吗？"

回答说："不必等三次，我就开除他了。"

孟子说："可是你失职的地方已经很多了。灾荒年景，你的老百姓，年老体弱的尸骨丢在山沟中，年轻力壮的逃散到四方，几乎千人了。"

回答说："这事不是我孔距心所能做到的。"

孟子说："现在假如有个人，接受别人牛羊替人家放牧，就一定替牛羊寻找牧场和草料。万一牧场和草料找不着，是赶快把牛羊退给原主呢？还是站在那里看着牛羊饿死呢？"

回答说："这就是我的罪过了。"

过了些天，孟子朝见齐宣王说："您的县令，我认识了五个。知道自己罪过的，只有孔距心一人。"于是便把与孔距心的谈话，向齐王复述了一遍。

齐王听了后说："这就是我的罪过了。"

燕　人　畔*

* 本章选自《公孙丑下》。

这一章说明，犯了错误应采取的正确态度是有过就改，人们对这种态度看得很清楚，是赞扬的。错误的态度是将错就错，并编造谎词来为自己辩护。陈贾替齐王辩护错误，孟子看透了他的卑鄙心理，给予痛击。

燕人畔①。王曰："吾甚惭于孟子②。"

陈贾曰③："王无患焉。王自以为与周公孰仁且智？"

王曰："恶！是何言也！"

曰："周公使管叔监殷，管叔以殷畔④。知而使之，是不仁也；不知而使之，是不智也。仁智，周公未之尽也，而况于王乎？贾请见而解之。"

见孟子，问曰："周公何人也？"

曰："古圣人也。"

曰："使管叔监殷，管叔以殷畔也，有诸？"

曰："然。"

曰："周公知其将畔而使之与？"

曰："不知也。"

“然则圣人且有过与？”

曰：“周公，弟也；管叔，兄也。周公之过，不亦宜乎？且古之君子，过则改之。今之君子，过则顺之。古之君子，其过也，如日月之食⑤，民皆见之；及其更也，民皆仰之。今之君子，岂徒顺之，又从为之辞。”⑥

【注释】

① 据《史记·燕召公世家》载，齐王令章子率兵伐燕，燕国士卒不进行抵抗，城门不关闭，燕君哙死，齐国获胜。子之逃亡第二年，燕国人拥立太子平，这就是燕昭王。齐王看这件事，便是“燕人畔”。② 吾甚惭于孟子：齐国伐燕国，诸侯商量救助燕国。孟子劝齐王“速出令，反其旄倪，止其重器，谋于燕众，置君而后去之”。齐宣王不听，结果遭到燕国反抗。③ 陈贾：齐大夫。④ 周公使管叔监殷，管叔以殷畔：据《史记·管蔡世家》载，武王战胜殷纣，平定天下，派管叔、蔡叔监督纣子武庚禄父，治理殷的遗民。武王死后，成王年少，周公代理政事。管叔和武庚叛变，周公承成王之命，出兵杀了他们。⑤ 食：同“蚀”。⑥ 从：因而。

【翻译】

燕国人背叛，反抗齐国。齐王说：“我对孟子感到很惭愧。”

陈贾说：“王不要难过，您自己以为与周公比较，在仁和智方面谁更强一点？”

齐王说：“哎！这是什么话！我哪里敢和周公比？”

陈贾说："周公派管叔去监督殷国，管叔却率领殷国叛变。周公若预料到管叔叛变而派他去，那是他的不仁德；周公若没有预料到管叔叛变而派他去，那是他的不明智。仁德和明智，周公都没有完全做到，何况您呢？请让我去见孟子，向他解释解释这件事。"

陈贾见到孟子，问道："周公是怎样的人？"

孟子说："古代的圣人。"

陈贾说："周公派管叔监督殷国，管叔率领殷国叛变，有这回事吗？"

孟子说："对。"

陈贾说："周公预见到管叔将要叛变而派他去吗？"

孟子说："没有预见到。"

陈贾说："那么，圣人还会有过错吗？"

孟子说："周公是弟弟，管叔是哥哥，弟弟还怀疑哥哥吗？周公的过错，不也合乎情理吗？而且，古代的君子，有过就改。现在的君子，有了过错是将错就错。古代的君子，他的过错好像日蚀月蚀一般，老百姓都看得到。当他改正的时候，老百姓都抬头看见。现在的君子，不仅将错就错，还找些借口来为错误辩护。"

孟子致为臣而归[*]

[*] 本章选自《公孙丑下》。

孟子居“齐卿之位”期间，反复向齐王宣传仁政，讲述安天下的道理，都不被齐王采纳。齐王只把他当作摆设，并不信任。孟子认为“谏不行，言不听”，就应该离去。于是他下决心“致为臣而归”。当孟子辞归的时候，齐王想以“授孟子室，养弟子以万钟”的待遇收买他，使他继续留在齐国。孟子把“无官守”，只有虚名的“卿”比作“贱丈夫”，坚决拒绝。

孟子致为臣而归①。王就见孟子，曰：“前日愿见而不可得，得侍同朝②，甚喜。今又弃寡人而归，不识可以继此而得见乎？”

对曰：“不敢请耳，固所愿也。”

他日，王谓时子曰③：“我欲中国而授孟子室④，养弟子以万钟⑤，使诸大夫国人皆有所矜式。⑥子盍为我言之！”

时子因陈子而以告孟子⑦，陈子以时子之言告孟子。

孟子曰：“然，夫时子恶知其不可也？如使予欲富，辞十万而受万[8]，是为欲富乎？季孙曰：‘异哉子叔疑[9]！使己为政，不用，则亦已矣，又使其子弟为卿。人亦孰不欲富贵？而独于富贵之中有私龙断焉[10]。’古之为市也，以其所有易其所无者，有司者治之耳。有贱丈夫焉，必求龙断而登之，以左右望，而罔市利[11]。人皆以为贱，故从而征之。征商自此贱丈夫始矣。”

【注释】

①致为臣：指孟子辞去齐卿。致，归还。②得侍同朝：这是齐王的谦词。侍，有接待的意思。同朝，指同朝共事。③时子：齐臣。④中国：犹言在国都之中。⑤养弟子以万钟：钟，六石四斗；万钟即六万四千石。但古代一升，约合今日五分之一升。言“养弟子以万钟”，实际万钟粮谷是赠孟子的，这是赠予人对受赠人的礼貌措词。⑥矜(jīn)式：敬重和取法。⑦陈子：指孟子弟子陈臻。⑧十万：当系成数，不是确数。可能是孟子在齐多年辞去俸禄的总和。⑨季孙、子叔疑：不知何时人。⑩龙断：即垄断，高而不相连属的土墩。引申为把持、独占。⑪罔：同“网”。

【翻译】

孟子辞去职位准备回家。齐王登门见孟子说：“以前希望见到您而不可能，后来能和您同朝共事，感到十分高兴。现在又要丢下我回乡，不知以后我们还有机会见面吗？”

孟子回答说：“我只是不敢提出这样的请求罢了，这本来是我很希望的。"

另一天，齐王对时子说："我想在临淄城中给孟子一所房子，拿万钟粮食作他弟子们的生活费用。使我国官吏和百姓都有所效法。你何不替我向孟子谈谈这事。"

时子转托陈子把这话告诉孟子。陈子便把时子的话告诉了孟子。

孟子说："嗯，那时子怎么知道这种事是不能做的？如果我想发财，辞去十万钟的禄米来接受一万钟的恩赐，这难道是想发财吗？季孙说过：'子叔疑这人真奇怪！自己要作官，不被信用，也就算了，却又叫他的儿子兄弟去做卿。谁人不想着做官发财？但是唯独他在做官发财中想垄断。'什么叫垄断呢？古代的买卖，以自己有的东西去换自己缺的东西，这种事情有关部门管理罢了。后来有一个卑鄙贪婪的人，一定要找一块突出的高地登上去，左边望望，右边看看，妄图把作买卖的赢利一网打尽。别人都以为他卑鄙，因而抽他的税。向商人征税便从这个卑鄙贪婪的人开始了。"

孟子去齐，尹士语人*

* 本章选自《公孙丑下》。

孟子在齐国数年，齐王没有用他。直到他离开齐国边境时，还耐心等待，希望齐王改变态度，将他追回，以实现其"齐民安，天下之民举安"的大志。这与追求功名富贵的人是完全不同的。

孟子去齐。尹士语人曰①："不识王之不可以为汤武，则是不明也；识其不可，然且至，则是干泽也②。千里而见王，不遇故去③，三宿而后出昼④，是何濡滞也⑤？士则兹不悦。"

高子以告⑥。

曰："夫尹士恶知予哉？千里而见王，是予所欲也；不遇故去，岂予所欲哉？予不得已也。予三宿而出昼，于予心犹以为速，王庶几改之！⑦王如改诸，则必反予。夫出昼，而王不予追也，予然后浩然有归志⑧。予虽然，岂舍王哉！王由足用为善，王如用予，则岂徒齐民安⑨，天下之民举安。王庶几改之！予日望之！予岂若是小丈夫然哉⑩？谏于其君而不受，则怒，悻悻然见于其面⑪，去则穷日之力而后宿哉？"

尹士闻之，曰："士诚小人也。"

【注释】

① 尹士：齐国人。② 干泽：干，求；泽，禄。③ 不遇：没有遇到被识拔的机会。④ 昼：齐国县名。⑤ 濡滞：迟延。⑥ 高子：孟子弟子，齐国人。⑦ 庶几：表希望的副词。⑧ 浩然：如水流，不可阻止。⑨ 徒：只。⑩ 小丈夫：气量狭窄的人。⑪ 悻悻(xìng)：生气的样子。见同"现"。

【翻译】

孟子离开了齐国。尹士对人说："不知道齐王不能够作商汤、周武那样的人，那便是孟子缺乏眼力；知道齐王不可以，然而还要来，那便是孟子贪图富贵。千里迢迢来见齐王，没有被任用而走，在昼县住了三宿然后才离开，为什么这样慢腾腾的呢？我对这种情况很不高兴。"

高子把这话告诉了孟子。

孟子说："那尹士怎能了解我呢？跑了千里路来见齐王，是我的希望；齐王不任用我，所以离开，难道是我希望的吗？我不得已啊！我在昼县住了三宿才走，我心里还觉得太快，当时我想，齐王也许会改变态度吧！齐王如果改变态度，就一定召我回去。我出了昼县，齐王还不来追我回去，我才有了毫无留恋的回家打算。我虽然这样，难道肯舍得齐王吗？齐王还是可以办好政事的。他如果任用我，何止齐国百姓得到安居乐业，天下的百姓都能安居乐业。王也许能改变态度，我天天盼着呀！我难道像这种心地狭窄的人的样子吗？向国君进谏不被采纳，就大发脾气，满脸不高兴，离开那个国家跑得精疲力竭然后才住宿吗？”

尹士听到这些话以后说：“我真是个小人啊！”

滕文公问为国*

* 本章选自《滕文公上》。

这一章比较集中地阐述了孟子的政治主张，大致有以下几点：一、“取于民有制”，对人民剥削要有节制。二、对人民征收要有一定的税制，他似乎主张用“助法”。三、兴办庠、序、学、校，教育人民。四、恢复井田的共耕制度。孟子的政治思想本质上是要维护封建统治阶级的统治，同时也要平天下，安百姓，所以他也提出了一些有利于人民的主张。

滕文公问为国。

孟子曰：“民事不可缓也。《诗》云①：‘昼尔于茅②，宵尔索绹③，亟其乘屋④，其始播百谷⑤。’民之为道也，有恒产者有恒心，无恒产者无恒心。苟无恒心，放辟邪侈，无不为已。及陷乎罪，然后从而刑之，是罔民也。焉有仁人在位罔民而可为也？是故贤君必恭俭礼下，取于民有制。阳虎曰⑥：‘为富不仁矣，为仁不富矣。’

“夏后氏五十而贡，殷人七十而助，周人百亩而彻⑦，其实皆什一也。彻者⑧，彻也；助者⑨，借也。

龙子曰[10]：‘治地莫善于助，莫不善于贡。’贡者，校数岁之中以为常[11]。乐岁，粒米狼戾[12]，多取之而不为虐，则寡取之；凶年，粪其田而不足，则必取盈焉。为民父母，使民盻盻然[13]，将终岁勤动，不得以养其父母，又称贷而益之[14]，使老稚转乎沟壑，恶在其为民父母也？夫世禄，滕固行之矣。《诗》云[15]：‘雨我公田[16]，遂及我私[17]。’惟助为有公田。由此观之，虽周亦助也。

【注释】

①《诗》：指《诗经·豳风·七月》。② 昼尔于茅：白天割茅草。尔：语助词。于：往。③ 宵尔索绹（táo）：晚上搓绳索。索：绳子。这里指绞制绳索。绹：绳子。④ 亟其乘屋：赶快修缮房屋。亟：同“急”。乘屋：修缮房屋。⑤ 其始播百谷：又要开始种百谷。⑥ 阳虎：即阳货。鲁国季氏的总管。⑦ 五十、七十、百亩：这是孟子假托古史来阐述自己的理想，古史不一定如此。⑧ 彻：耕时通力合作，收时按亩数分配，故谓之彻。彻是“通”、“均”的意思。⑨ 助：借助民力耕种公田。⑩ 龙子：古贤人。⑪ 校（jiào）：比较，计算。⑫ 粒米：谷米。狼戾：犹狼藉。⑬ 盻盻（xì）：勤苦不休息的样子。⑭ 称贷：借贷。益：补足。⑮《诗》：指《诗经·小雅·大东》。⑯ 雨我公田：雨先下到我们的公田里。雨（yù）：下雨。⑰ 遂及我私：然后再下到我的私田里。

“设为庠序学校以教之。庠者，养也；校者，教也；序者，射也。夏曰校，殷曰序，周曰庠；学则三代共之，皆所以明人伦也①。人伦明于上，小民亲于下。有王者起，必来取法，是为王者师也。

“《诗》②云：‘周虽旧邦③，其命惟新④。’文王之谓也。子力行之，亦以新子之国。”

使毕战问井地⑤。

孟子曰：“子之君将行仁政，选择而使子，子必勉之！夫仁政，必自经界始⑥。经界不正，井地不钧，谷禄不平⑦，是故暴君污吏必慢其经界。经界既正，分田制禄可坐而定也。

“夫滕，壤地褊小，将为君子焉⑧，将为野人焉。无君子，莫治野人；无野人，莫养君子。请野九一而助，国中什一使自赋。卿以下必有圭田⑨，圭田五十亩，余夫二十五亩。死徙无出乡，乡田同井，出入相友，守望相助，疾病相扶持，则百姓亲睦。方里而井，井九百亩，其中为公田。八家皆私百亩，同养公田；公事毕，然后敢治私事，所以别野人也。此其大略也，若夫润泽之，则在君与子矣。”

【注释】

① 人伦：封建礼教所规定的君臣、父子、夫妇、兄弟、朋友间的关系。② 诗：指《诗经·大雅·文王》。③ 周虽旧邦：周虽是古老之邦。旧邦：自后稷开国，历夏、商两朝，所以称旧邦。④ 其命惟新：它却受命建立新朝。命：指天命。⑤ 毕战：滕国的臣。井地：井田。⑥ 经界：划分田界。经，界。⑦ 谷禄：俸禄。古人用谷物为俸禄，所以俸禄又称谷禄。⑧ 为：有。⑨ 圭(guī)田：圭，洁白。士以德行洁白而

升官，给与田地，使供祭祀，故称圭田。

【翻译】

滕文公问孟子治理国家的方法。

孟子说："关心人民是刻不容缓的事。《诗经》上说：'昼尔于茅，宵尔索绹，亟其乘屋，其始播百谷。'老百姓一般情况是这样：有固定产业或收入的人，才有一定的道德观念，没有固定产业或收入的人，便没有一定的道德观念。假若没有一定的道德观念，就会违法乱纪，什么坏事都干得出来。等到他们犯了罪，然后去处罚他们，这等于陷害老百姓。哪里有行仁政的国君在位而做出陷害百姓的事呢？所以贤明的君主一定办事认真，生活俭朴，有礼貌地对待下属，向老百姓征收赋税要有节制。阳虎说过：'要发财致富就不能仁爱，要仁爱就不能发财致富。'

"古代的税收制度是这样：夏代每家五十亩地实行贡法，殷代每家七十亩地实行助法，周代每家一百亩地实行彻法，三种制度实际都是十分抽一。'彻'是通的意思，'助'是借助的意思。龙子说过：'管理土地的税制，最好是助法，最不好是贡法。'贡法是比较几年的收成得出一个定数，丰年和歉年都按这一定数征收。丰收年景，粮食到处都是，多征收一点也不为残暴，却不多收；灾荒年景，打的粮食连买来年的肥料都不够，却一定征够那个定数。作为百姓的父母，使百姓辛辛苦苦劳动一年来，而不能够养活自己的父母，还得借高利贷来凑够征收数字，致使老小抛尸山沟当中，作为百姓父母的作用又在哪里呢？做大官的人世代都享有田租收入的制度，滕国早就实行了，老百姓也应该有一定的田地收入。《诗经》上说:‘雨我公田,遂及我私。’只有实行助法才会有公田。从这里看,周朝也是实行助法的。

“人民生活问题解决之后,要建立庠、序、学、校教育他们。‘庠’是教养的意思,‘校’是教育的意思,‘序’是习射的意思。地方学校,夏朝叫‘校’,商朝叫‘序’,周朝叫‘庠’,国家办的大学,三代都叫‘学’。目的都是向学生讲明伦常道理的。伦常道理在上的诸侯卿大夫都明白了,百姓自然会和睦相处。如果有行王道的人兴起,一定来向您学习,这样您就可以做行王道的人的老师了。

“《诗经》上说:‘周虽旧邦,其命惟新’。这是赞美文王的诗句。您努力干吧,也可以使您的国家焕然一新。”

滕文公又让毕战问孟子井田制问题。

孟子说:“你的国君将要实行仁政,特别选派你来问我,你一定好好干。实行仁政,一定要从划分调整田界开始。田界划分不准确,井田的大小就不一致,做大官的人从封地里得到的作为俸禄的地租也不会公平合理,所以暴虐的君主和贪官污吏一定要搞乱正确的田界。田界划分正确了,分配给百姓的田地、规定官吏的俸禄,可轻而易举地决定下来了。

“滕国土地狭小,但也有官吏,也有劳动人民。没有官吏,便没人管理劳动人民;没有劳动人民,也没人养活官吏。我希望郊野实行九分抽一的助法,城市按贡法使人们自行缴纳十分抽一的赋税。卿以下官吏一定有他们供祭祀的圭田,圭田规定为五十亩;如果他家还有剩余劳力,每人再给二十五亩。这样埋葬或者搬家都不离开本乡本土。

同一井田的各家，出入互相友爱，防御盗贼互相帮助，有疾病互相照顾，百姓之间便亲爱和睦了。井田制是每一方里为一个井田，一个井田九百亩，当中一百亩是公田，周围八百亩分给八家作为私田。这八家共同耕种公田。先将公田耕种完后，然后才耕种私田，这就是用来区别官吏和劳动人民的办法。这是井田制的大概情况，至于怎样搞得更完善，更好些，那就在国君和你了。”

有为神农之言者许行*

* 本章选自《滕文公上》。

这一章集中地批评了农家许行的学说。许行的第一个论点是“贤者与民并耕而食”，孟子从社会分工的必然性进行了反驳。孟子在这里提出：“劳心者治人，劳力者治于人；治于人者食人，治人者食于人，天下之通义也。”认为劳心者对劳力者的统治和剥削是合理的，从而为后世的剥削阶级提供了有利于统治的理论根据。许行的第二个论点是平均主义，孟子则从事物间的质的差别性予以批评。

有为神农之言者许行①，自楚之滕，踵门而告文公曰②：“远方之人闻君行仁政，愿受一廛而为氓③。”文公与之处。其徒数十人，皆衣褐④，捆屦、织席以为食⑤。

陈良之徒陈相与其弟辛⑥，负耒耜而自宋之滕⑦，曰：“闻君行圣人之政，是亦圣人也，愿为圣人氓。”陈相见许行而大悦，尽弃其学而学焉。

陈相见孟子，道许行之言曰：“滕君则诚贤君也，虽然，未闻道也。贤者与民并耕而食，饔飧而治⑧。今也滕有仓廪府库，则是厉民而以自养也[9]，恶得贤？”

孟子曰：“许子必种粟而后食乎？”曰：“然。”“许子必织布然后衣乎？”曰：“否，许子衣褐。”“许子冠乎？”曰：“冠。”曰：“奚冠？”曰：“冠素。”曰：“自织之与？”曰：“否，以粟易之。”曰：“许子奚为不自织？”曰：“害于耕。”曰：“许子以釜甑爨[10]，以铁耕乎？”曰：“然。”“自为之与？”曰：“否，以粟易之。”

【注释】

①为：这里是研究的意思。神农：相传他第一个制造农具，开始教人民耕种，所以叫神农。先秦诸子中有一派是农家，主张勤耕桑，以足衣食，假托神农之言，提出“君臣并耕”。许行属于这一派。②踵：脚后跟，这里是“到”的意思。③廛（chán）：古代一户平民的住宅。氓（méng）：流亡之民。④褐（hè）：粗麻布衣。⑤捆：织。屦（jù）：古代用麻、葛制成的鞋。⑥陈良：楚国学者。⑦耒耜（lěi sì）：古代一种像犁的农具。⑧饔飧（yōng sūn）：早饭或晚饭，这里指自己做饭。⑨厉：损害。⑩釜（fǔ）：古代炊事用具，相当于现在的锅。甑（zèng）：古代蒸食物的炊具。爨（cuàn）：烧火煮饭。

“以粟易械器者，不为厉陶冶；陶冶亦以其械器易粟者，岂为厉农夫哉？且许子何不为陶冶，舍皆取诸其宫中而用之[1]？何为纷纷然与百工交易？何许子之不惮烦？”

曰：“百工之事固不可耕且为也。”“然则治天下独可耕且为与？有大人之事，有小人之事。且一人之身，而百工之所为备，如必自为而后用之，是率天下而路也②。故曰，或劳心，或劳力；劳心者治人，劳力者治于人；治于人者食人③，治人者食于人，天下之通义也。

“当尧之时，天下犹未平，洪水横流，泛滥于天下，草木畅茂，禽兽繁殖，五谷不登，禽兽偪人④，兽蹄鸟迹之道交于中国。尧独忧之，举舜而敷治焉⑤。舜使益掌火⑥，益烈山泽而焚之，禽兽逃匿。禹疏九河⑦，瀹济、漯而注诸海⑧，决汝、汉，排淮、泗而注之江，然后中国可得而食也。当是时也，禹八年于外，三过其门而不入，虽欲耕，得乎？

【注释】

① 舍：同“啥”，什么。宫：古代贵贱同称宫，秦汉以后帝王所居才称宫。② 路：通“露”，败。③ 食（sì）：通“饲”，给人吃。④ 偪：古“逼”字。⑤ 敷：遍。⑥ 益：舜臣名，掌火的官。⑦ 九河：指徒骇、太史、马颊、覆釜、胡苏、简、絜、钩盘、鬲津。⑧ 瀹（yuè）：疏通。济、漯（tà）：水名。

“后稷教民稼穑①，树艺五谷，五谷熟而民人育。人之有道也②，饱食、暖衣、逸居而无教，则近于禽兽。圣人有忧之，使契为司徒③，教以人伦——父子有亲，君臣有义，夫妇有别，长幼有序，朋友有信。放勋曰④：

‘劳之来之[⑤]，匡之直之，辅之翼之，使自得之，又从而振德之[⑥]。’圣人之忧民如此，而暇耕乎？

“尧以不得舜为己忧，舜以不得禹、皋陶为己忧[⑦]。夫以百亩之不易为己忧者[⑧]，农夫也。分人以财谓之惠，教人以善谓之忠，为天下得人者谓之仁。是故以天下与人易，为天下得人难。孔子曰[⑨]：‘大哉尧之为君！惟天为大，惟尧则之，荡荡乎民无能名焉！君哉舜也！巍巍乎有天下而不与焉！’尧、舜之治天下，岂无所用其心哉？亦不用于耕耳[⑩]。

【注释】

① 后稷：尧时掌管农事的官。② 有：犹“为”。③ 契（xiè）：舜的臣，商族始祖。④ 放（fǎng）勋：帝尧的名。⑤ 劳来（lào lài）：慰劳。⑥ 振：救济。德：对人施以恩惠。⑦ 皋陶（gāo yáo）：虞舜时的司法官。⑧ 易：治。⑨ 孔子曰以下几句，见《论语·泰伯》：“子曰，巍巍乎舜禹之有天下也，而不与焉？”又：“子曰，大哉尧之为君也！巍巍乎唯天为大，唯尧则之。荡荡乎民无能名焉。巍巍乎其有成功也！焕乎其有文章！”⑩ 亦：只是。

“吾闻用夏变夷者，未闻变于夷者也。陈良，楚产也，悦周公、仲尼之道，北学于中国。北方之学者，未能或之先也。彼所谓豪杰之士也。子之兄弟事之数十年，师死而遂倍之[①]。昔者孔子没，三年之外，门人治任将归[②]，入揖于子贡，相向而哭，皆失声，然后归。

子贡反，筑室于场，独居三年，然后归。他日，子夏、子张、子游以有若似圣人，欲以所事孔子事之，强曾子。曾子曰：'不可，江、汉以濯之，秋阳以暴之③，皜皜乎不可尚已④。'今也南蛮鴃舌之人⑤，非先王之道，子倍子之师而学之，亦异于曾子矣。吾闻出于幽谷迁于乔木者，未闻下乔木而入于幽谷者。《鲁颂》曰⑥：'戎狄是膺⑦，荆舒是惩⑧。'周公方且膺之，子是之学，亦为不善变矣。"

"从许子之道，则市贾不贰⑨，国中无伪；虽使五尺之童适市⑩，莫之或欺。布帛长短同，则贾相若；麻缕丝絮轻重同，则贾相若；五谷多寡同，则贾相若；屦大小同，则贾相若。"

曰："夫物之不齐，物之情也；或相倍蓰⑪，或相什百，或相千万。子比而同之，是乱天下也。巨屦小屦同贾⑫，人岂为之哉？从许子之道，相率而为伪者也，恶能治国家？"

【注释】

① 倍：同"背"。② 任：担在肩上的东西，这里指行李。③ 秋阳：周之七八月，是今日农历的五六月，所以周朝的所谓秋阳，实为今天夏日的太阳。暴：同"曝"，晒。④ 皜皜：同"皓皓"，洁白貌。⑤ 鴃(jué)舌：比喻语音难懂，如鴃鸟的叫声。鴃，即伯劳鸟。⑥ 鲁颂：指《诗经・鲁颂・閟宫》。⑦ 戎狄是膺：攻击戎狄。膺：击。⑧ 荆舒是惩：惩罚荆舒。⑨ 贾：同"价"。⑩ 五尺之童：古代尺短，五尺约为今市尺三尺半。⑪ 蓰(xǐ)：五倍。⑫ 巨屦小屦：据赵岐注，巨

屦指粗屦,小屦指细屦。

【翻译】

有一位研究神农氏学说的人叫许行,从楚国到了滕国,亲自拜见滕文公,告诉他说:“我这个从远方来的人听说您行仁政,希望得到一个住处,作您的老百姓。”文公给了他住处。他的徒弟几十人,都穿着粗麻布衣,靠打草鞋、织席子为生。

陈良的门徒陈相和他弟弟陈辛,背着农具从宋国来到滕国,也对文公说:“听说您实行圣人的政治,因此也是圣人了,希望作您的百姓。”陈相见到许行大为高兴,便完全抛弃他原来学的东西,学习许行的学说。

陈相去见孟子,转述许行的话说:“滕文公的确是个贤明的君主,虽然如此,他还不知道作贤君的道理。贤君应该和老百姓一块耕种粮食吃,自己作饭,也办理政事。现在滕国有盛粮食的仓廪、存财物的府库,这是损害百姓来养肥自己,怎么能算贤明呢?”

孟子说:“许子一定自己种庄稼然后才吃饭吗?”陈相说:“是。”“许子一定织布然后才穿衣服吗?”答道:“不,许子只穿粗麻布衣服。”“许子戴帽子吗?”答道:“戴。”孟子问:“戴什么帽子?”答道:“戴白绸帽子。”孟子问:“自己织的吗?”答道:“不,用粮食换的。”孟子问:“许子为什么不自己织呢?”答道:“因为耽误庄稼活。”孟子问:“许子也用锅甑作饭、用铁器耕地吗?”答道:“是。”“自己做的吗?”答道:“不,用粮食换的。”

“农夫用粮食换炊具和农具,不能说是损害了瓦匠和冶铁匠；瓦匠、铁匠也用炊具和农具换粮食，难道能说损害农夫吗？并且许子为什么不亲自制陶器、冶铁，做成各种器械，什么用具都从家中拿出来使用？为什么这样一件那样一件与各种工匠交换？为什么许子这样的不怕麻烦呢？”

陈相回答说：“各种工匠的活，本来不是一方面种地一方面能同时干得了的。”“那么单单管理国家难道就可以一面耕种一面同时干得了吗？做官的有做官的事情，当老百姓的有当老百姓的事情。只要是一个人，各种工匠的产品对他都是必需的，如果必须一件一件地亲自做出来然后去使用它，这是率领天下的人疲于奔命。所以说，有的人劳心，有的人劳动体力，劳心的人统治别人，体力劳动者被人统治；被统治者养活别人，统治者靠别人养活，这是天下共同的原则。

“当尧在位的时候，天下还没有治理好，洪水乱流，天下泛滥成灾，草木非常茂盛，禽兽繁殖很多，粮食没有收成，禽兽到处伤害人，遍地是它们的足迹。尧一个人忧虑这些，选拔出舜来负责全面治理工作。舜派伯益管理火政，伯益放火烧了山野和沼泽地带的草木，使禽兽逃跑隐藏。禹又疏浚九河，整治济水、漯水，使它顺流入海；挖开汝水、汉水，排出淮水、泗水，使它流入长江。然后中国可以耕种打粮食了。在这个时候，禹八年在外，三次路过家门都不能进去看看，虽然他也想耕种，有可能吗？

“后稷教给百姓播种和收获，种植五谷，五谷熟了百姓便可以得到养育。人之所以为人，吃得饱，穿得暖，住得安适，如果没有教育，就和禽兽差不多。圣人又为此忧虑，便派契做掌管教育的司徒，用正常的人伦关系来教育人民——父子之间要亲爱，君臣之间要有礼义，夫妇之间要男女有别，老少之间要有尊卑之序，朋友之间要有信用。尧说道：'慰劳他们，纠正他们，帮助他们，使他们各得其所，遇到困难就救济他们，对他们施以恩惠。'圣人这样为百姓考虑操劳，还有闲暇耕种吗？

"尧以得不到舜这样的人作为自己的忧虑，舜以得不到禹、皋陶这样的人作为自己的忧虑。把自己的百亩田地耕种得不好作为忧虑的，那是农夫。把钱财分给别人叫作惠，把好的道理教给人叫作忠，为天下找到优秀的人叫作仁。所以把天下让给别人容易，替天下找到优秀的人难。孔子说：'尧作天子真是伟大啊！只有天最伟大，自古以来，只有尧效法天，尧的圣德无边无际啊，人民实在找不出适当的词语来赞美他！舜真是个得人君之道的天子！以崇高的形象坐了天下，自己却不享受、占有它！'尧、舜的治理天下，难道不用心思吗？只是也不把心思用到耕田上罢了。

"我只听说拿中国的文化来改变边远落后民族的事，没听说过用边远落后民族的文化来改变中国的。陈良是在楚国生长的，喜欢周公、孔子的学说，到北方向中国学习。北方的学者，还没有人能够超过他。他真是所谓豪杰之士啊！你们兄弟跟他学习了几十年，老师一死竟背叛了他。以前，孔子去世，他的学生都给他守孝，三年以后，各人收拾行李准备回去，走进子贡住处作揖告别，面对着面失声而哭，然后回去。子贡又回到墓地筑屋，独自一人住了三年，然后回去。过了些时候，子夏、子张、子游认为有若像圣人孔子，想以事奉孔子的礼节事奉他，勉强曾子同意。曾子说：‘不可。好像用江、汉水洗涤过，在夏天太阳里曝晒过，光明洁白没有再超过的了。’现在许行这个南蛮子，说话像伯劳鸣叫似的怪腔怪调，也来指责我们的先王之道，你们却背叛你们的老师去学习他，和曾子的态度便相反了。我只听说鸟儿飞出深谷迁移到高大树木上栖息，未听说飞下高大树木进入深谷去筑巢的。《鲁颂》说过：‘戎狄是膺，荆舒是惩。’周公还要攻击他，你们却要向他学习，也算得是不善于变好的人了。”

陈相说：“按照许子的想法去做，就可使市场上的物价一样，国里没有弄虚作假的；即使打发小孩子到集市上买东西，也没有人欺骗他。棉布和丝绸长短一样，价钱便差不多；麻线和丝绵轻重一样，价钱便差不多；五谷多少一样，价钱便差不多；鞋子大小相同，价钱便差不多。”

孟子说：“各种货物的质量品种不一样，这是货物的客观情况。它们的价钱有的相差一倍、五倍，有的相差十倍、百倍，有的相差千倍、万倍。你不分好坏，把它们弄在一块等同看待，这是扰乱天下。好料鞋和粗料鞋价格一样，人们岂肯做好料鞋卖呢？按照许子的想法做，是率领大家去弄虚作假，哪能治理好国家呢？”

公孙衍张仪*

* 本章选自《滕文公下》。

这一章讨论“大丈夫”问题，有两种看法。景春认为公孙衍、张仪“一怒而诸侯惧”是大丈夫。孟子认为“居天下之广居，立天下之正位，行天下之大道……富贵不能淫，贫贱不能移，威武不能屈”才是大丈夫。孟子这种观点为后人所称道、效法。

景春曰①：“公孙衍、张仪岂不诚大丈夫哉②？一怒而诸侯惧，安居而天下熄。”

【注释】

① 景春：当时的纵横家。② 公孙衍：字犀首，魏国人，当时著名说客，在秦国做过大良造的官，并佩五国相印。张仪：魏国人，曾游说六国连横以事秦国，与苏秦齐名。

孟子曰：“是焉得为大丈夫乎？子未学礼乎？丈夫之冠也，父命之①；女子之嫁也，母命之，往送之门，戒之曰：‘往之女家，必敬必戒，无违夫子！’以顺为正

者，妾妇之道也。

“居天下之广居，立天下之正位，行天下之大道②；得志与民由之，不得志独行其道。富贵不能淫，贫贱不能移，威武不能屈，此之谓大丈夫。”

【注释】

① 丈夫之冠也，父命之：古时男子二十岁行冠礼，父亲主持典礼，进行训导。② 广居、正位、大道：朱熹《孟子集注》：“广居仁也。正位，礼也。大道，义也。”

【翻译】

景春说：“公孙衍、张仪难道不是真正的大丈夫吗？他们一生气，诸侯就都害怕；他们安静下来，天下便平安无事了。”

孟子说：“这怎能算大丈夫呢？你没有学过礼吗？男子长大成人举行冠礼时，父亲教导他；女儿出嫁时，母亲教导她，送到门口，告诫她说：‘到了你家，一定要恭敬，一定要小心谨慎，不要违背丈夫！’以顺从为原则的，是妇女之道。

“住在天下最宽敞的住宅‘仁’里，站在天下最正确的位置‘礼’上，走在天下最光明的大路‘义’上；得志的时候和人民一同沿着大道前进，不得志的时候便独个儿走自己的路。富贵不能搅乱他的思想，贫贱不能改变他的志向，威武不能屈服他的节操，这样的人才称得上大丈夫。”

宋小国也*

* 本章选自《滕文公下》。

这一章孟子举出商汤和周武王“为匹夫匹妇复仇”、“救民于水火之中”受到人民拥护的事实，回答了万章的问题。这也就告诉宋国，“苟行王政，四海之内，皆举首而望之，欲以为君；齐楚虽大，何畏焉！”

万章问曰①：“宋，小国也，今将行王政，齐、楚恶而伐之，则如之何？”

孟子曰：“汤居亳②，与葛为邻，葛伯放而不祀③。汤使人问之曰：‘何为不祀？’曰：‘无以供牺牲也。’汤使遗之牛羊。葛伯食之，又不以祀。汤又使人问之曰：‘何为不祀？’曰：‘无以供粢盛也。’汤使亳众往为之耕，老弱馈食。葛伯率其民，要其有酒食黍稻者夺之，不授者杀之。有童子以黍肉饷，杀而夺之。《书》曰④：‘葛伯仇饷。’此之谓也。为其杀是童子而征之，四海之内皆曰：‘非富天下也，为匹夫匹妇复仇也。’‘汤始征，自葛载⑤’，十一征而无敌于天下。

【注释】

① 万章：孟子弟子。② 亳（bó）：在今河南商丘。

③ 葛：在今河南宁陵。放：放纵无道。④《书》：指《尚书》逸篇。⑤ 汤始征，自葛载：这可能是《尚书》之文，《梁惠王下》有“《书》曰：‘汤一征，自葛始’”的话。

东面而征，西夷怨；南面而征，北狄怨，曰：‘奚为后我？’民之望之，若大旱之望雨也。归市者弗止，芸者不变，诛其君，吊其民，如时雨降。民大悦。《书》曰①：‘徯我后，后来其无罚！’‘有攸不惟臣，东征，绥厥士女，篚厥玄黄，绍我周王见休，惟臣附于大邑周②。’其君子实玄黄于篚以迎其君子，其小人箪食壶浆以迎其小人；救民于水火之中，取其残而已矣。《太誓》曰③：‘我武惟扬，侵于之疆，则取于残④，杀伐用张，于汤有光。’不行王政云尔；苟行王政，四海之内皆举首而望之，欲以为君；齐、楚虽大，何畏焉？”

【注释】

①《书》：也是指《尚书》的逸篇。②“有攸……大邑周”：不像孟子书的文句，可能是《尚书》逸篇之文。这几句讲的是周武王伐纣东征时，各国向周臣附的情况。“有攸不惟臣，东征，绥厥士女”写百姓的臣附，以下写官吏的臣附。攸：所。惟：思，愿。绥：安。厥：其。士女：男女。篚：竹筐。玄黄：指黑色和黄色的绸帛。绍：介绍。周王：指周武王。休：美善。大邑：大国。③ 太誓：古《尚书》篇名，已亡。《伪古文尚书》将以下几句采入《泰誓》中篇。④ 以上两“于”字，通“邘”，国名。

【翻译】

万章问道:“宋国是个小国,现在想实行仁政,齐国和楚国非常不满而出兵攻打宋国,怎么办呢?”

孟子说:“最初汤住在亳地,和葛国是邻国,葛伯放肆,不按礼法祭祀祖先神灵。汤派人问他说:‘为什么不祭祀?’回答说:‘没有牛羊做祭品。’汤便派人送给他牛羊。葛伯把牛羊吃了,并不用来祭祀。汤又派人问他说:‘为什么不祭祀?’回答说:‘没有黍稷稻粱做祭品。’汤便派亳地百姓去替他们耕种,让年老体弱的人给种地的送饭。葛伯领着他的百姓,拦住携带酒菜饭食送饭的人进行抢夺,不给他酒饭的人便被杀掉。有个小孩往地里送饭和肉,葛伯杀了他,抢走饭和肉。《尚书》里说:‘葛伯仇视送饭者。’说的就是这回事。汤为着葛伯杀了这个孩子而讨伐他,天下的人都说:‘汤不是贪图天下的财富,是为平民百姓报仇呀。’‘汤出兵征伐,从葛国开始’,出征十一次,天下没有能抗拒的。向东方征伐,西方的人便埋怨;向南方征伐,北方的人便埋怨,说道:‘为什么不先攻打我们这里?’老百姓盼望汤,就像庄稼遇上大旱盼望下雨一样。在打仗的时候,做买卖的不停止,种地的照常种地,杀了那暴虐的君主,安抚那无辜的百姓,这如同下了及时雨。老百姓非常高兴。《书》中说:‘等待我的君王来,君王来了我们就不受罪了!’又说:‘有攸人不想臣服,周王便出兵东征,安抚那里的男女百姓。官吏把黑色和黄色的绸帛装在筐子里作为礼物,自我介绍进见周王,受到周王的赞许,作大周国的臣民。’从这里可以看出周初东征的情况,官吏们把黑色和黄色的绸帛装在筐子里作为礼物来迎接周的官吏，老百姓便用竹筐盛着饭，用壶盛着酒浆来迎接周的士兵，可见周王出兵只是把老百姓从水深火热之中救出来，除掉他们残暴的君主罢了。《泰誓》里说：‘我们的威武要发扬，攻进于国的疆土，除掉于国残暴的君主，其他罪大恶极的也要杀光，这样的功绩比汤还辉煌。’不实行仁政罢了，假若实行仁政，天下的人都抬起头来盼望着，想拥戴他做君主，齐国和楚国纵然强大，又有什么可怕呢？”

孟子谓戴不胜*

* 本章选自《滕文公下》。

这一章，孟子告诉戴不胜，要多引荐贤者辅导宋王。宋王周围的贤者多了，将产生积极的影响，使宋王"之善"。

孟子谓戴不胜①曰："子欲子之王之善与？我明告子。有楚大夫于此，欲其子之齐语也，则使齐人傅诸？使楚人傅诸？"

曰："使齐人傅之。"

曰："一齐人傅之，众楚人咻之②，虽日挞而求其齐也，不可得矣；引而置之庄、岳之间数年③，虽日挞而求其楚，亦不可得矣。子谓薛居州，善士也，使之居于王所。在于王所者，长幼卑尊皆薛居州也，王谁与为不善？在王所者，长幼卑尊皆非薛居州也，王谁与为善？一薛居州，独如宋王何④？"

【注释】

① 戴不胜：宋国的臣。② 咻（xiū）：喧哗。③ 庄、岳：庄是齐国的街名，岳是里名。④ 独：将。一作"单独"讲。

【翻译】

孟子对戴不胜说："你希望你的君王朝好的方向走吗？我明白告诉你。假若有位楚大夫在这里，想让他的儿子学会齐国话，那么，找齐国人教呢？还是找楚国人教呢？"

戴不胜答道："找齐国人教他。"

孟子说："一个齐国人教他，许多楚国人在旁吵吵嚷嚷扰乱他，尽管天天用鞭子打，逼他说齐国话，也是办不到的。假若领他到庄、岳这样的闹市上住上几年，尽管天天用鞭子打，逼他说楚国话，也是办不到的。你说薛居州是个好人，叫他住在王宫中。在王宫里的人，年龄大的小的，地位低的高的都是薛居州似的好人，君王和谁做坏事呢？在王宫里的人，年龄大的小的，地位低的高的都不是薛居州似的好人，君王和谁做好事呢？一个薛居州，将把宋王怎样呢？"

不见诸侯何义*

* 本章选自《滕文公下》。

这一章讨论了君子的修养“不为臣不见”。所谓“不为臣不见”，是不主动谒见诸侯。诸侯如果虚心请教，先来求见，是可以相见的。否则便是谄媚。

公孙丑问曰：“不见诸侯何义？”

孟子曰：“古者不为臣不见。段干木逾垣而辟之①，泄柳闭门而不纳②，是皆已甚；迫，斯可以见矣。阳货欲见孔子而恶无礼③，大夫有赐于士，不得受于其家，则往拜其门。阳货瞰孔子之亡也④，而馈孔子蒸豚；孔子亦瞰其亡也，而往拜之。当是时，阳货先，岂得不见？曾子曰：‘胁肩谄笑⑤，病于夏畦⑥。’子路曰：‘未同而言，观其色赧赧然⑦，非由之所知也。’由是观之，则君子之所养，可知已矣。”

【注释】

① 段干木：姓段干，名木，晋国的贤者。垣：墙。辟：通“避”。② 泄柳：鲁国人。纳：接待。③ 阳货欲见孔子：事又见《论语·阳货篇》。阳货，鲁大夫。见，旧读“现”，使动

用法。④ 瞰（kàn 看）：窥视。⑤ 胁肩：竦肩，故作恭敬虚心之态。谄笑：讨好的笑容。⑥ 畦（qí）：菜园间划分的长行。这里指菜园。⑦ 赧（nǎn）：因羞愧而脸红。

【翻译】

公孙丑问道："不主动去谒见诸侯是什么道理？"

孟子说："古代惯例，如果不是诸侯的属臣，便不去拜见。以前魏文侯去看段干木，段干木却跳墙躲开他；鲁穆公去看泄柳，泄柳关上门不接待，这都做得过分了。假如逼着要见你，也可以相见。阳货想让孔子来看他，又不愿失礼。当时有一条礼节，大夫对士有赏赐，士如果不在家，不能亲自接受，就必须亲自到大夫家拜谢。因此，阳货打听到孔子不在家时，给他送去一只蒸小猪；孔子也打听他外出时，去拜谢他。当这时，阳货若是先去看孔子，孔子怎能不去看他？曾子说：'竦起两个肩膀，装出一副讨好的笑脸，这比夏天在菜地干活还要难受。'子路说：'本来不愿意和这个人说话，却硬着头皮和他说话，看他那惭愧得满脸涨红的样子，对这种人，我不赞成。'从这些例子看来，一个君子如何培养自己的品德操守，就可以知道了。"

什一去关市之征*

*本章选自《滕文公下》。

这一章说明对错误要坚决及时改正，不能采取原谅拖延的态度。

戴盈之曰①："什一，去关市之征，今兹未能②；请轻之，以待来年，然后已，何如？"

孟子曰："今有人日攘其邻之鸡者③，或告之曰：'是非君子之道。'曰：'请损之，月攘一鸡，以待来年，然后已。'如知其非义，斯速已矣，何待来年？"

【注释】

① 戴盈之：宋国大夫。② 今兹：今年。③ 攘（rǎng）：偷盗。

【翻译】

戴盈之说："实行十分抽一的税率，废除关卡和市上对商品的征税方法，今年还办不到。请先减轻一些税收，等到明年，再全部废止，怎么样？"

孟子说："譬如现在有一个人每天偷他邻居一只鸡，有人告诉他说：'这不是君子应有的行为。'他说：'先减少一点，每月偷一只鸡，等到明年，然后完全停止。'如果知道这种行为不对，应赶快洗手不干，为什么等到明年呢？"

外人皆称夫子好辩*

*本章选自《滕文公下》。

这一章反映了孟子积极捍卫儒家学说，坚决反对杨朱、墨翟学说的决心。杨朱主张“为我”。孟子认为“为我”就不为君主效忠，就是“无君”。墨翟主张“兼爱”。孟子认为“兼爱”，爱父母和爱别人没有亲疏之别，就是“无父”。“无父”“无君”便是“乱臣贼子”的思想，它对人类的危害如同“洪水猛兽”。孟子大力阐发大禹制服洪水，周公兼并夷狄、驱逐猛兽，孔子贬斥乱臣贼子的意义正针对着杨墨。他表示要继承大禹、周公、孔子的业绩，驳斥杨墨，以“正人心”。

公都子曰①：“外人皆称夫子好辩，敢问何也？”

孟子曰：“予岂好辩哉？予不得已也。天下之生久矣，一治一乱。

“当尧之时，水逆行，泛滥于中国，蛇龙居之，民无所定，下者为巢，上者为营窟②，《书》曰③：‘洚水警余④。’洚水者，洪水也。使禹治之。禹掘地而注之海，驱蛇龙而放之菹⑤；水由地中行，江、淮、河、汉是也。险阻既远，鸟兽之害人者消，然后人得平土而居之。

“尧舜既没，圣人之道衰，暴君代作⑥，坏宫室以为汙池⑦，民无所安息；弃田以为园囿，使民不得衣食。邪说暴行又作，园囿、汙池、沛泽多而禽兽至⑧。及纣之身，天下又大乱。周公相武王诛纣，伐奄三年讨其君⑨，驱飞廉于海隅而戮之⑩，灭国者五十，驱虎、豹、犀、象而远之，天下大悦。《书》曰⑪：‘丕显哉⑫，文王谟⑬！丕承哉，武王烈⑭！佑启我后人，咸以正无缺’。

【注释】

① 公都子：孟子弟子。② 营窟：相连的石窟。③ 书：指《尚书》逸篇。④ 洚（jiàng）：水流不遵河道。⑤ 菹（zū）：多水草的沼泽地带。⑥ 代作：更相出现。⑦ 汙池：沼池。⑧ 沛泽：水草多的地方。⑨ 奄：国名，在淮北。⑩ 飞廉：纣臣名。⑪ 书：指《尚书》逸篇。⑫ 丕：大。⑬ 谟：谋略。⑭ 烈：功绩。

“世衰道微，邪说暴行有作，臣弑其君者有之，子弑其父者有之。孔子惧，作《春秋》。《春秋》，天子之事也；是故孔子曰：‘知我者，其惟《春秋》乎！罪我者，其惟《春秋》乎！①’

“圣王不作，诸侯放恣，处士横议②，杨朱、墨翟之言盈天下③，天下之言不归杨，则归墨。杨氏为我，是无君也；墨氏兼爱，是无父也。无父无君，是禽兽也。

公明仪曰[4]：'庖有肥肉，厩有肥马；民有饥色，野有饿莩，此率兽而食人也。'杨、墨之道不息，孔子之道不著，是邪说诬民，充塞仁义也。仁义充塞，则率兽食人，人将相食。吾为此惧，闲先圣之道[5]，距杨、墨[6]，放淫辞[7]，邪说者不得作。作于其心，害于其事；作于其事，害于其政。圣人复起，不易吾言矣。

"昔者禹抑洪水而天下平，周公兼夷狄，驱猛兽而百姓宁，孔子成《春秋》而乱臣贼子惧。《诗》云[8]：'戎狄是膺，荆舒是惩，则莫我敢承[9]'。无父无君，是周公所膺也。我亦欲正人心，息邪说，距诐行[10]，放淫辞，以承三圣者。岂好辩哉？予不得已也。能言距杨、墨者，圣人之徒也。"

【注释】

① 这两句意思是：了解我用意的人，可以从《春秋》里看出我贬恶扬善是为了救世；责怪我的人，会因《春秋》批评我不该代天子行事。② 处士：家居没有官职的人。③ 杨朱、墨翟：都在孟子以前，大约在春秋末期、战国初期，确切年代不可考。④ 公明仪：鲁国人，曾参的弟子。⑤ 闲：捍卫。⑥ 距：同"拒"。⑦ 放：放逐。⑧ 见《有为神农之言者许行》注。⑨ 则莫我敢承：就没有人敢抵抗我了。⑩ 诐（bì）行：偏激的行动。

【翻译】

公都子说："外人都说您喜好辩论，请问这是为什么呢？"

孟子说："我难道是喜好辩论吗？我实在是不得已呀。人类社会产生已经很久了，一时太平，一时战乱，总是交互出现。

"当尧的时候，洪水横流，在全国泛滥，蛇龙到处盘踞，老百姓没有地方定居，地势低洼的人只好在树上搭窝，高地上的人挖成一个个相连的窑洞居住。《尚书》中说：'洚水警诫我们。'洚水就是洪水。尧命令禹去治理。禹挖出河道，使大水顺流入海，又把害人的蛇和龙驱赶到草泽之中；水顺着河道流，长江、淮河、黄河、汉水便是这样。人远离了危险的巢穴，害人的鸟兽没有了，然后到平原上居住。

"尧舜去世以后，圣人之道逐渐衰落，暴虐的君主一个个出现，他们拆除民房挖成深池，弄得百姓无处安居；废弃农田来做园林，使百姓没有衣穿，没有饭吃。荒谬的学说、残暴的行为又兴起，园林、池沼、草泽一多，禽兽也就随之而来。到了殷纣的时候，天下又发生大乱。周公辅佐周武王杀掉殷纣，讨伐奄国，三年之后又杀了奄国国君，驱赶飞廉到海边，也将他杀掉。被灭的国家有五十个，驱赶虎、豹、犀、象到远的地方，天下老百姓非常高兴。《尚书》里说：'多英明啊，文王的谋略！继承先人事业的，是武王的功绩！帮助启发我们后一代，使大家都正确而没有缺点。'

"太平之世和圣人之道日渐衰落，荒谬的学说和残暴的行为出现，有臣子杀死君主的，也有儿子杀死父亲的。孔子对此深为忧虑，为了纠正邪说暴行，维持王道，便作了《春秋》这部书。著作《春秋》要对天子、诸侯、大夫有所褒贬，这本是天子权限内的事，孔子不得已做了。所以孔子说：'了解我的，怕只在《春秋》这部书吧！责骂我的，恐怕

也还在《春秋》这部书吧！’

“圣明的帝王不再出现，诸侯放纵横行，一般的学者乱发议论，杨朱、墨翟的学说充满天下，一般的主张不属于杨朱派，便属于墨翟派。杨派主张一切为了自己，这便否定对君主效忠，这是目无君上；墨派主张不分亲疏，一视同仁，这便否定对父母尽孝，这是目无父母。目中没有父母和君主，这就成了禽兽。公明仪说：‘厨房里放着肥肉，马棚里喂着肥马，可是老百姓满脸饥色，野外躺着饿死的尸体，这是率领禽兽吃人呀。’杨、墨的学说不消灭，孔子的学说就不能发扬光大，这是邪说毒害百姓，堵塞仁义的道路。仁义道路被堵塞，就是率领禽兽吃人，也将出现人吃人的现象。我为此深感忧虑，于是出来捍卫先代圣人的学说，反对杨派、墨派，驳斥错误的论调，使散布荒谬学说的人不能得逞。荒谬的学说从心里产生出来，便危害日常事务；危害了日常事务，也就危害了整个政治。即使圣人再出现，也不会改变我这些话的。

“从前，大禹治好了洪水，天下有了太平，周公兼并了夷狄，赶走了猛兽，百姓得到安宁，孔子作了《春秋》，使那些乱臣贼子感到害怕。《诗经》里说：‘戎狄是膺，荆舒是惩，则莫我敢承。’杨、墨这种目无君上父母的人，是周公所要惩罚的。我也要端正人的思想，消灭荒谬的学说，反对偏激的行为，驳斥错误的论调，来继承大禹、周公、孔子的业绩，难道我是好辩论吗？我是迫不得已才辩论呀。能用言论反对杨、墨的人，也就是圣人的学生了。”

陈仲子岂不诚廉士哉*

* 本章选自《滕文公下》。

这一章讽刺了一位消极避世的隐士。陈仲子不食不义之禄，不住不义之室，居于於陵。孟子指出陈仲子不可能彻底体现自己的操守，而要完全脱离社会而生活，是不可能的。

匡章曰①："陈仲子岂不诚廉士哉②？居於陵③，三日不食，耳无闻，目无见也。井上有李，螬食实者过半矣④，匍匐往，将食之⑤；三咽，然后耳有闻，目有见。"

【注释】

① 匡章：齐国人。② 陈仲子：齐国的隐士。③ 於（wū）陵：在今山东邹平县境。④ 螬：蛴螬，金龟子的幼虫，吃农作物的根和茎。⑤ 将：取，拿。

孟子曰："于齐国之士，吾必以仲子为巨擘焉①。虽然，仲子恶能廉？充仲子之操②，则蚓而后可者也。夫蚓，上食槁壤，下饮黄泉。仲子所居之室，伯夷之所筑与③？抑亦盗跖之所筑与④？所食之粟，伯夷之所树与⑤？抑亦盗跖之所树与？是未可知也。”

曰：“是何伤哉？彼身织屦，妻辟纑⑥，以易之也。”

【注释】

①巨擘（bò）：大拇指，比喻是最好的。②充：满，这里是充分体现的意思。③伯夷：殷代孤竹国君长子，反对武王伐纣，不食周粟，饿死于首阳山，封建时代一直誉为廉洁之士。④盗跖：相传为春秋时的大盗。⑤树：种植。⑥辟纑（pì lú）：分析练过的麻，搓成线。

曰：“仲子，齐之世家也①；兄戴，盖禄万钟②；以兄之禄为不义之禄而不食也，以兄之室为不义之室而不居也，辟兄离母③，处于於陵④。他日归，则有馈其兄生鹅者，已频顣曰⑤：‘恶用是鶃鶃者为哉⑥？’他日，其母杀是鹅也，与之食之。其兄自外至，曰：‘是鶃鶃之肉也。’出而哇之⑦。以母则不食，以妻则食之；以兄之室则弗居，以於陵则居之，是尚为能充其类也乎？若仲子者，蚓而后充其操者也。”

【注释】

①世家：世代为卿大夫的家族。②戴：陈仲子兄名。盖：陈戴的采邑。钟：六斛四斗。一斛为十斗。③辟：同“避”。④处（chǔ）：居住。⑤频：同“颦”，皱眉。顣（cù）：皱

鼻子。⑥ 鶃(yì)鶃:鹅叫声。⑦ 哇(wā):吐。

【翻译】

匡章说:“陈仲子难道不的确是一个廉洁的人吗?住在於陵,三天没有吃东西,饿得耳朵听不到声音,眼也看不见东西了。井台上有个李子,蛴螬已经吃了大半个,他爬着去,拾起来就吃;咽了三口,耳朵听到声音了,眼也看见东西了。”

孟子说:“在齐国的人士中,我以为仲子是首屈一指的人物。虽然如此,仲子怎能称得上廉洁呢?如果要实现仲子的操守,自己要变成蚯蚓才可以做到。蚯蚓,在地面上吃干土,在地下喝黄泉的水。然而仲子住的房屋,是伯夷那样廉洁的人修建的呢?还是盗跖那样的强盗修建的呢?仲子吃的粮食,是伯夷那样廉洁的人种出的呢?还是盗跖那样的强盗种出的呢?这还不知道。”

匡章说:“这有什么妨碍?他本人编草鞋,妻子劈麻搓线,拿去换来的。”

孟子说:“仲子是齐国的世家。他哥哥陈戴,每年从封地盖邑收到俸禄几万石。仲子以为哥哥的俸禄是不义之禄,不去吃它,以为哥哥的住室是不义之室,不去居住,避开哥哥,离开母亲,住到於陵。有一天他回到家里,有一个人送给他哥哥一只鹅,他皱着眉头说:‘要这个呃呃叫的东西干什么?’过了几天,他母亲杀了这只鹅,给他吃了。这时他哥哥从外面回来,说道:‘这是那个呃呃叫的东西的肉。’他听了便跑到门外,吐了出来。因为母亲的东西不吃,妻子的东西便吃了;因为哥哥的房子不住,於陵便住下，这还算是能够把自己的操守体现在一切行动当中吗？像仲子这样的人，恐怕变成蚯蚓，然后才能实现他的操守。”

不仁者可与言哉*

* 本章选自《离娄上》。

这一章说明人的安危祸福皆由自取，应该谨慎。

孟子曰："不仁者可与言哉？安其危而利其菑①，乐其所以亡者；不仁而可与言，则何亡国败家之有？

"有孺子歌曰：'沧浪之水清兮②，可以濯我缨；沧浪之水浊兮，可以濯我足。'孔子曰：'小子听之！清斯濯缨③，浊斯濯足矣，自取之也。'夫人必自侮，然后人侮之；家必自毁，而后人毁之；国必自伐，而后人伐之。《太甲》曰：'天作孽，犹可违④；自作孽，不可活⑤。'此之谓也。"

【注释】

① 菑：同"灾"。② 沧浪：青苍色。③ 缨：系帽的丝带。④ 违：避。⑤ 活：逃。

【翻译】

孟子说："那些不仁的人，怎能用言语来说服他们呢？他们视危险为平安，视灾难为利益所在，把荒淫暴虐导致亡国的勾当当作快乐。不仁的人如果可以用言语规劝，那怎么会有亡国败家的事情呢？

“从前有个小孩这样唱道：‘沧浪的水清呀，可以洗我的帽缨；沧浪的水混浊呀，可以洗我的脚。’孔子曰：‘学生们听着，水清就洗帽缨，水混浊就洗脚，这是由水决定的。’所以人必有招致侮辱的言行，然后别人才侮辱他；家必有招致毁坏的因素，而后别人才毁坏他；国家必有招致讨伐的原因，而后别人才讨伐他。《尚书·太甲篇》说的‘天作的孽，人们还可以逃避；自己作下孽，那就逃不了’正是这个意思。”

桀纣之失天下也*

*本章选自《离娄上》。

这一章阐述行仁政的重要性。人民归附行仁政的国君，“犹水之就下”。假若不坚定地积蓄仁恩，那就会受到人民的反对，终身忧愁耻辱，自陷于死亡。

孟子曰：“桀、纣之失天下也，失其民也；失其民者，失其心也。得天下有道：得其民，斯得天下矣；得其民有道：得其心，斯得民矣；得其心有道：所欲与之聚之①，所恶勿施，尔也②。民之归仁也，犹水之就下、兽之走圹也③。故为渊敺鱼者④，獭也；为丛敺爵者，鹯也；为汤、武敺民者，桀与纣也。今天下之君有好仁者，则诸侯皆为之敺矣。虽欲无王，不可得已。今之欲王者，犹七年之病求三年之艾也⑤。苟为不畜，终身不得。苟不志于仁，终身忧辱，以陷于死亡。《诗》云⑥：‘其何能淑⑦，载胥及溺⑧。’此之谓也。”

【注释】

① 与：犹为（wèi），替。② 尔：如此，这样。也：同“耳”。③ 圹（kuàng）：同“旷”，旷野。④ 敺：同“驱”。

⑤ 艾：可以灸人病，陈年的艾疗效更佳。⑥《诗》：指《诗经·大雅·桑柔篇》。⑦ 其何能淑：怎能把事情办好。淑：善。⑧ 载胥及溺：相与落水淹死。载：语助词。胥：相。及：与。

【翻译】

孟子说："夏桀、殷纣之所以丧失天下，是由于失去了百姓的拥护；失去百姓拥护，是由于失去民心。得到天下有方法：得到百姓拥护，便得到天下；得到百姓拥护有方法：得到民心，便得到百姓拥护；得到民心也有方法：他们所希望的，替他们聚积起来；他们所厌恶的，不要强加在他们头上，不过这样罢了。老百姓归附仁政，好像水向下流，兽向旷野奔跑一样。所以替深渊赶来鱼的是水獭，替丛林赶来鸟雀的是鹞鹰，替商汤、武王赶来百姓的是夏桀和殷纣。现在天下的国君有好仁政的，那么其他诸侯都替他把百姓赶来了。这样的国君，虽然不想统一天下，也是不可能的。现在这些想统一天下的人，好像患了七年的病要找三年的陈艾来灸治一样。如果平常不储存，终身都得不到。假若不坚定的行仁政，终身要忧愁受到耻辱，以至于死亡。《诗经》上说：'其何能淑，载胥及溺。'说的就是这个意思。"

求也为季氏宰*

*本章选自《离娄上》。

这一章表现了孟子反对诸侯间的侵略战争。他揭露了战争的残酷性是“争地以战,杀人盈野;争城以战,杀人盈城”。孟子对战争深恶痛绝。他说:“此所谓率土地而食人肉,罪不容于死。”

孟子曰:“求也为季氏宰①,无能改于其德,而赋粟倍他日②。孔子曰:‘求非我徒也,小子鸣鼓而攻之可也③!’由此观之,君不行仁政而富之,皆弃于孔子者也;况于为之强战?争地以战,杀人盈野;争城以战,杀人盈城,此所谓率土地而食人肉,罪不容于死。故善战者服上刑④,连诸侯者次之⑤,辟草莱、任土地者次之⑥。”

【注释】

① 求:冉求,字子有,孔子弟子。季氏:春秋时鲁国贵族之一,世代为卿,这里指季康子。宰:家臣。② 赋粟:征收粮食。③ 小子:老师称学生。鸣鼓:大张旗鼓。攻:谴责,批评。④ 上刑:重刑。⑤ 连诸侯:连接诸侯,如苏秦、张

仪之类。⑥ 辟:开垦。草莱:指荒地。任土地:把土地分给百姓,使担任耕种之责。

【翻译】

孟子说:“冉求做季康子的家臣,不能改变他的所做所为,反而把地租比往常增加了一倍。孔子说:‘冉求不是我的门徒,你们大张旗鼓地攻击他都可以。’从这件事看来,国君不实行仁政,反而帮助他搜刮民脂民膏的人,都是被孔子所唾弃的,何况那些替不仁的国君努力作战的人呢?他们为争夺土地而打仗,杀人遍野,为争夺城池而打仗,杀人满城,这就是所谓为了土地而吃人肉。这些人罪大恶极,即使处以死刑也抵偿不了他的罪过。所以好战的人应该受到最重的刑罚,那些搞合纵连横挑拨诸侯互相攻战的人受到次等刑罚,那些迫使老百姓开荒地,尽地力为诸侯增加赋税的人受到更次一等的刑罚。”

子产听郑国之政*

*本章选自《离娄下》。

这一章是孟子对春秋时期郑国贤相子产为政时颇得民心的一件事所发的议论。认为君子治理国家如果仅能将小恩小惠施加于人并不算真正懂得治国之道。诸葛亮有言“治世以大德，不以小惠”，可以说是对此章意义的高度概括。

子产听郑国之政①，以其乘舆济人于溱洧。孟子曰：“惠而不知为政。岁十一月，徒杠成②；十二月，舆梁成③，民未病涉也。君子平其政，行辟人可也④，焉得人人而济之？故为政者，每人而悦之，日亦不足矣。”

【注释】

① 子产：春秋时郑国的贤相，名公孙侨，字子产。《左传》、《国语》以及先秦诸子多载其言行。据《史记·循吏列传》载，子产治理郑国二十六年而死，成人号哭，老人儿啼。② 杠（gāng）：独木桥。③ 舆梁：能走车的桥。舆，车厢，代指车子。④ 辟人：古代上层人物外出，前面有人执鞭开道，让人回避。

【翻译】

子产主持郑国的政事期间，曾用他自己乘坐的车子帮助人们渡过溱水和洧水。孟子对此事议论道："这仅能算作小恩小惠罢了，其实他并不懂得治理国家大事的方法。如果十一月修成人走的桥，十二月筑成行车的桥，百姓就不会因渡河而为难了。君子在位只要能使政令通达，管理得当，他纵然外出鸣锣开道都可以，何必要逐一地帮助人们渡河呢？所以掌管政事的人，如果挨个地去讨人欢心，时间也太不够用了。"

君之视臣如手足*

* 本章选自《离娄下》。

这是《孟子》中较为著名的一篇。它通过孟子和齐宣王的对话，一方面对齐宣王提出了规劝，另一方面在如何处理君臣关系上，提出了“君之视臣如手足，则臣视君如腹心；君之视臣如犬马，则臣视君如国人；君之视臣如土芥，则臣视君如寇仇”的千古名言。强调了在君与臣这对矛盾中，正君是首要的；而臣对于君也完全可以根据君主的所作所为采取相应的态度，表现了一定的进步思想。

孟子告齐宣王曰：“君之视臣如手足，则臣视君如腹心；君之视臣如犬马，则臣视君如国人；君之视臣如土芥，则臣视君如寇仇。”

王曰：“礼，为旧君有服①，何如斯可为服矣？”

曰：“谏行言听，膏泽下于民；有故而去，则君使人导之出疆，又先于其所往；去三年不反，然后收其田里。此之谓三有礼焉。如此，则为之服矣。今也为臣，谏则不行，言则不听；膏泽不下于民；有故而去，则君搏执之，又极之于其所往②；去之日，遂收其田里。此之谓寇仇。寇仇，何服之有？”

【注释】

① 服：丧服。依《仪礼·丧服》的规定，大夫以道离开国君而又未断绝关系的，应当为国君服齐衰三月的丧（齐衰：zī cuī，丧服名）。② 极：困难，障碍。这里是说使他遇到困难或障碍。

【翻译】

孟子告诫齐宣王说："君主把臣下看做自己的手足，相待一体，那么臣下就会把君主看做自己的腹心；君主把臣下仅看做犬马豢养，轻贱寡恩，那么臣下就会把君主看做一般人；君主把臣下看做泥土草芥，随意践踏，那么臣下就会把君主看做仇敌。"

齐宣王说："按照礼制的规定，君主死后，他的属臣即使已离职或任职于别国，也应当为他服一定的丧服。君主怎样对待臣下，臣下才能为他服丧呢？"

孟子说："劝谏被接受，建议被采纳，老百姓能享受到君主的恩德和好处；臣下如果有什么缘故不得已而离去，君主一定要打发人引导他顺利地通过边境，而且还要预先派人到他要去的地方作一番准备工作；离开了三年还不回来，再收回他的土地房屋。这就是对待臣下的三有礼嘛。这样做，臣下就会为他服丧了。现在做臣下，劝谏不被接受，建议不被采纳；老百姓领受不到君主的恩德和好处；一旦有什么缘故不得已而离去，那君主定要差人去搜捕，并且还要派人到他所要去的地方给他制造困难；在他离去的当天就收回他的土地房屋。这就叫做仇敌。对于像仇敌这样的旧君，在他死后又给他服什么丧呢？"

逢蒙学射于羿*

* 本章选自《离娄下》。

逢蒙艺成害师，历来为人所不齿。对这个普遍为人所接受的历史传说，孟子却提出了自己的见解，认为这也有羿的过错。他借用庾公之斯追子濯孺子的事，说明收徒取友一定要注意对方的道德人品，如果忽略了这一点，一旦身受其害，受害者能说自己没有责任吗？

逢蒙学射于羿①，尽羿之道，思天下惟羿为愈己②，于是杀羿。孟子曰："是亦羿有罪焉。"

公明仪曰："宜若无罪焉。"

曰："薄乎云尔③，恶得无罪？郑人使子濯孺子侵卫，卫使庾公之斯追之。子濯孺子曰：'今日我疾作，不可以执弓，吾死矣夫！'问其仆曰④：'追我者谁也？'其仆曰：'庾公之斯也。'曰：'吾生矣。'其仆曰：'庾公之斯，卫之善射者也；夫子曰吾生，何谓也？'曰：'庾公之斯学射于尹公之他，尹公之他学射于我。夫尹公之他，端人也，其取友必端矣。'庾公之斯至，曰：'夫子何为不执弓？'曰：'今日我疾作，不可以执弓。'曰：'小人学射于尹公之他，尹公之他学射于

夫子。我不忍以夫子之道反害夫子。虽然，今日之事，君事也，我不敢废。’抽矢，扣轮，去其金，发乘矢而后反。”

【注释】

① 逢(péng)蒙：据《左传》记载，逢蒙既是羿的学生，又是他的家众，后来叛变，帮助寒浞杀了羿。羿：又称后羿，传说中夏代诸侯有穷国的君主。② 愈：胜，超过。③ 薄：差，少。④ 仆：指驾车的人。

【翻译】

从前，逢蒙向羿学习射箭的本领，完全掌握了羿的技巧。他考虑到天下只有羿的本领超过自己，于是便把羿杀死了。孟子说：“在这件事情上羿也有过错呢。”

公明仪说：“似乎没有什么过错吧。”

孟子说：“不大罢了，怎么能说没有过错呢？郑国曾经派子濯孺子侵犯卫国，卫国便派庾公之斯追击他。子濯孺子说：‘今天我的病犯了，弓都拿不起来，怕是死期到了！’向他的驾车人问道：‘追我的人是谁呀？’驾车人回答：‘是庾公之斯。’他便说：‘我不会死了。’驾车人说：‘庾公之斯是卫国射箭本领很高的人，您反而说求生有望，这是什么意思呢？’子濯孺子回答说：‘庾公之斯是跟尹公之他学的箭法，尹公之他的箭法又是跟我学得的。尹公之他是个正派人，他选择的朋友也一定正派。’庾公之斯追上了他，问道：‘先生为什么不拿弓？’子濯孺子说：‘今天我的病犯了，拿不了弓。’庾公之斯于是说：‘我是跟尹公之他学的箭法，尹公之他又是跟先生学习的，我不忍心用您的技巧反用来伤害您。尽管如此，今天的事情是国家的公事，我不敢因私废公。'于是抽出箭来，在车轮上敲掉了箭头，射了四支箭杆便回去了。"

君子所以异于人者*

* 本章选自《离娄下》。

本章论述了君子应当用自我检查的方法，坚定不移地努力向善。前段论自我检查、修身省己；后段论努力向善，不断提高。

孟子曰：“君子所以异于人者，以其存心也。君子以仁存心，以礼存心。仁者爱人，有礼者敬人。爱人者，人恒爱之；敬人者，人恒敬之。有人于此，其待我以横逆①，则君子必自反也：我必不仁也，必无礼也，此物奚宜至哉？其自反而仁矣，自反而有礼矣，其横逆由是也②，君子必自反也：我必不忠。自反而忠矣，其横逆由是也，君子曰：‘此亦妄人也已矣。如此则与禽兽奚择哉？于禽兽又何难焉？’是故君子有终身之忧，无一朝之患也。乃若所忧则有之：舜，人也；我，亦人也。舜为法于天下，可传于后世，我由未免为乡人也，则是可忧也。忧之如何？如舜而已矣。若夫君子所患则亡矣。非仁无为也，非礼无行也。如有一朝之患，则君子不患矣。”

【注释】

① 横逆：强暴不讲道理。② 由：通“犹”。由是也：犹

然如此。下文中“我由未免为乡人也”的由，亦同。

【翻译】

孟子说：“君子之所以不同流俗，其原因就在于居心的不同。君子居心于仁，居心于礼。仁人爱别人，有礼的人尊敬别人。爱别人的人，别人便常常爱他；尊敬别人的人，别人也常常尊敬他。假如现在有这么一个人，他对我横蛮无礼，那君子一定要先自我反省：我一定不仁，我一定无礼，否则的话，这种态度怎么会施加到我身上呢？自我反省以后，认为我并非不仁，并非无礼，而那种横蛮无礼的态度依然如故，君子一定又要自我反省：我一定不诚恳。自我反省后，认为我确实竭诚尽力了，但那种横蛮无礼的态度仍然不改，君子就会说：‘这个人不过是个狂人罢了，像这样不通情理的人，同禽兽又有什么区别呢？对于禽兽又责备什么呢？’所以君子有长远的忧虑，却没有突然而至的苦恼。像这样的忧虑是有的：舜是人，我也是人。舜为天下人效法，声望传于后世，我却仍不免是一个普通的人，这才是值得忧虑的事。忧虑之后怎么办呢？努力向舜学习就是了。至于君子别的忧患就没有了。不是仁爱的事不干，不合礼仪的事不做。即使一旦有意外飞来的祸患，君子也不以为苦恼了。”

禹稷当平世*

* 本章选自《离娄下》。

本章孟子肯定了孔子对颜回的称赞，并进一步把颜回和禹、稷等同起来看待，指出三个人由于所处的历史环境不同，各人的社会地位也不一样，因而他们的处世态度和对社会的贡献也就各异。文中处处以形象的比喻说明问题，很有特点。

禹、稷当平世①，三过其门而不入②，孔子贤之。颜子当乱世，居于陋巷，一箪食，一瓢饮，人不堪其忧，颜子不改其乐，孔子贤之。孟子曰："禹、稷、颜回同道。禹思天下有溺者，由己溺之也③；稷思天下有饥者，由己饥之也；是以如是其急也。禹、稷、颜子易地则皆然。今有同室之人斗者，救之，虽被发缨冠而救之，可也④；乡邻有斗者，被发缨冠而往救之，则惑也；虽闭户可也。"

【注释】

① 平世：政治清明的时代。②"三过其门而不入"是禹的事情，与稷无关。这是连类而及的说法。③ 由：通

"犹"。下文"由己饥之也"亦同。④ 被发缨冠：被通"披"。缨冠：缨是系冠的绳，自上而下系于颈。今急于戴冠，来不及把缨系好，同冠并加于头上。

【翻译】

禹、稷处于政治清明的时代，三次经过自己的家门都不进去，孔子把他们看作先贤。颜回处于政治昏乱的时代，他居住在狭窄的小巷里，就这么一篮子饭，一瓢水地过日子。别人都难以忍受那生活的困苦，颜子却仍保持乐观的态度，孔子也把他当作贤人。孟子说："禹、稷和颜回处世态度虽然有所不同，思想主张却是一致的。禹以为天下百姓有人遭水淹没，就像是自己使他被水淹没一样；稷以为天下百姓有人挨饿，就像是自己使他挨饿一样，因而他们拯救百姓才这样急迫。禹、稷和颜子如果互相变换地位，颜子也会三过家门而不入，禹、稷也会以乐观的态度对待那清苦的生活。比如现在有同处一室的人互相斗殴，去阻止他，纵然是披着头发顶着帽子，连帽带也不系就去劝架都可以；假如是乡邻们在斗殴，也披头散发，连帽带也不系就去劝架，那就是糊涂了；即使是关门闭户不出屋都可以。"

匡章通国皆称不孝*

* 本章选自《离娄下》。

能否尽孝,是儒家评价一个人很重要的一条道德标准。孟子对匡章所谓的不孝表示异议,指出了不孝的五种情况都与匡章无关。论匡章不是不孝而是“子父责善而不相遇”,条分缕析,切近事理。

公都子曰:“匡章,通国皆称不孝焉①,夫子与之游,又从而礼貌之,敢问何也?”

孟子曰:“世俗所谓不孝者五:惰其四支,不顾父母之养,一不孝也;博弈好饮酒,不顾父母之养,二不孝也;好货财,私妻子,不顾父母之养,三不孝也;从耳目之欲②,以为父母戮③,四不孝也;好勇斗很④,以危父母,五不孝也。章子有一于是乎?夫章子,子父责善而不相遇也⑤。责善,朋友之道也;父子责善,贼恩之大者。夫章子,岂不欲有夫妻子母之属哉?为得罪于父,不得近,出妻屏子,终身不养焉。其设心以为不若是,是则罪之大者,是则章子已矣。”

【注释】

① 通国:全国。② 从:通“纵”。③ 戮:羞辱。④ 很:即

今"狠"字。⑤ 责善:以善相要求。相遇:相得,相合。

【翻译】

公都子说:"匡章,全国都说他不孝,老师却与他交往,并且相当敬重他,请问这是什么原因呢?"

孟子说:"一般人所认为的不孝有五种情况:手脚懒惰,不管父母的生活,这是一不孝;好下棋饮酒,不管父母的生活,是二不孝;贪恋金钱财物,偏爱妻室儿女,不管父母的生活,是三不孝;纵情声色,而使父母感到羞辱,是四不孝;好逞勇斗殴,危及父母,是五不孝。章子有一条是这样的吗?要说章子,不过是父子之间以善相要求而将关系弄坏罢了。以善相要求,这是朋友间相处之道;父子间以善相要求,那是最伤害感情的事。章子难道不愿意有妻子儿女的团聚吗?就是因为得罪了父亲,不能够和他亲近,所以才把自己的妻子赶出去,又把儿子也赶到远方,终身不要他们供养。他想,假如不这样做,就会有偏爱妻室儿女、不管父亲生活之嫌,那罪过也就更大了,这就是章子的为人呢。"

齐人有一妻一妾*

* 本章选自《离娄下》。

本章是一篇很著名的讽刺小品。文中叙写了个人日日在外求乞，回家后还向自己妻妾百般炫耀的故事。他背地里营营苟苟，丑态百出；而在人面前又装模作样，但一经揭穿，就会发现这种人实在丑恶无比，那美妙的吹嘘恰成为绝妙的讽刺。最后一语道破，当时那些追求富贵名利之徒，亦无非如此。故事简练生动，寓意深刻；人物形象刻镂精细，情节完整又有起伏，所以后世有人称它已具短篇小说的雏形。

齐人有一妻一妾而处室者，其良人出①，则必餍酒肉而后反②。其妻问所与饮食者，则尽富贵也。其妻告其妾曰："良人出，则必餍酒肉而后反；问其与饮食者，尽富贵也，而未尝有显者来，吾将瞷良人之所之也。"

蚤起，施从良人之所之③，遍国中无与立谈者。卒之东郭墦间④，之祭者，乞其余；不足，又顾而之他——此其为餍足之道也。

其妻归，告其妾，曰："良人者，所仰望而终身也，今若此——"与其妾讪其良人，而相泣于中庭。而良人未之知也，施施从外来[⑤]，骄其妻妾。

由君子观之，则人之所以求富贵利达者，其妻妾不羞也，而不相泣者，几希矣。

【注释】

① 良人：古代妇女对丈夫的称呼，如同后来称“郎”一样。② 餍（yàn）：吃饱。③ 蚤：通“早”。施（yí）：曲折斜行的样子。④ 东郭：东郊。墦（fān）：坟墓。⑤ 施（yí）施：喜悦的样子。

【翻译】

齐国有一个人，居家有妻有妾。那丈夫每次外出，必定是酒足饭饱回家。他妻子问同他一起吃喝的是些什么人，回答说那可都是些有钱有势的人物。他妻子便告诉他的妾说：“丈夫外出，总是吃饱喝醉之后才回来；问他同些什么人吃喝，说都是些富贵的人物，可是我们从来没有见到有什么显贵的人物到我们家来，我准备悄悄地看看他都是到些什么地方去。”

第二天清晨起来，她便尾随在丈夫身后，悄悄地跟着他。走遍了整个都城，发现竟没有一个站住同她丈夫说话的人。最后一直走到东郊外的墓地，见他凑近祭扫坟墓的人那里，讨点残菜剩饭；不够，又左顾右盼地走向别处去乞讨——这便是他酒足饭饱的办法。

他妻子回到家中，便把这情况告诉了他的妾，并且说：“丈夫，这是我们倚靠终身的人啊，现在他竟然这样——”她俩便在庭院中讥讽他，又相对哭泣着。但那丈夫对所发生的事情却一点儿也没察觉,仍然喜眉悦色的从外面回来,在他妻妾面前做出一副高傲的样子。

由君子看来,那种所用谋取升官发财的方法而能不使他妻妾引为羞耻共同哭泣的人,恐怕是太少了。

舜往于田*

* 本章选自《万章上》。

本章赞颂了舜对于父母的态度。舜对于父母的依恋和怀念，大大地超过了一般人。舜在占有了“人悦之、好色、富、贵”四大人之所欲后，并不以为满足，甚至到了五十岁还向天空哭诉自己对父母的情怀，被孟子推崇为“大孝终身慕父母”的楷模。

万章问曰：“舜往于田，号泣于旻天①，何为其号泣也？”

孟子曰：“怨慕也。”

万章曰：“‘父母爱之，喜而不忘；父母恶之，劳而不怨②。’然则舜怨乎？”

曰：“长息问于公明高曰③：‘舜往于田，则吾既得闻命矣；号泣于旻天，于父母，则吾不知也。’公明高曰：‘是非尔所知也。’夫公明高以孝子之心，为不若是恝④，我竭力耕田，共为子职而已矣⑤，父母之不我爱，于我何哉？帝使其子九男二女，百官牛羊仓廪备，以事舜于畎亩之中，天下之士多就之者，帝将胥天下而迁之焉⑥。为不顺于父母，如穷人无所归。天下之士悦之，人之所欲也，而不足以解忧；好色，人之所欲，妻帝之二女，而不足以解忧；富，人之所欲，富有天下，而不足以解忧。贵，人之所欲，贵为天子，而不足以解忧。人悦之、好色、富、贵，无足以解忧者，惟顺于父母可以解忧。人少，则慕父母；知好色，则慕少艾⑦；有妻子，则慕妻子；仕则慕君，不得于君则热中。大孝终身慕父母。五十而慕者，予于大舜见之矣。"

【注释】

① 旻(mín)天：天空。② 这四句见于《礼记·祭义》，《大戴礼·曾子大孝》、《尸子·劝学》亦有此语。③ 长息：公明高的弟子，公明高是曾子的弟子。④ 恝(jiá)：忽视，不在意的样子。⑤ 共：通"恭"，尽心尽力。⑥ 胥：皆，都。⑦ 少艾：指年轻美貌的人。

【翻译】

万章问道："舜到田地中去，向着天空哭诉，为什么要哭诉呢？"

孟子说："这既是自怨没有得到父母的恩爱，也是出于对父母的怀恋。"

万章说："曾子说过：'得到父母的恩爱虽然高兴，却不能因此而懈怠；受到父母的厌恶即使忧虑，也不能因此而抱怨。'既然这样，那么舜会抱怨父母吗？"

孟子说："从前长息曾经问过公明高，他说：'舜到田地中去，我已经听说过了；但向着天空哭诉，这样来对待父母，我却还不能理解。'公明高说：'这不是你所能理解的。'

公明高以孝子的心意推想，这种关系不能那样不在意，我尽力耕田，小心地履行作儿子的责任就行了；父母不喜欢我，对我有什么关系呢？帝尧让他的孩子九男二女和百官一起带着牛羊、粮食等各种物品到田野中为舜效劳，天下的士人有很多投奔到舜那里去，尧也把管理天下的重任交给了舜。舜却只因为没有得到父母的欢心，就像那困苦的人没有依靠一样。受到天下士人的爱戴，这是人人所期望的，然而不足以解除忧愁；美丽的姑娘，这是人人想得到的，他娶了尧的两个女儿，也不足以消除忧愁；财富，这是人人想获得的，富而至于占有天下，也不足以消除忧愁；尊贵，这是人人想得到的，尊贵而至于做了君主，还是不足以解除忧愁。人们的爱戴、美丽的姑娘、财富和尊贵都不足以消除忧愁，只有得到父母的欢心才可以消除忧愁。人在年幼的时候，就怀恋父母；懂得喜欢女子，便思念年轻美貌的人；有了妻子，便迷恋妻室；做了官，便讨好君主，得不到君主的赏识，心中便焦躁不安。唯有最孝顺的人才终身怀念父母。到了五十岁的年纪仍在怀恋自己父母的，我在伟大的舜身上见到了。”

舜之不告而娶*

* 本章选自《万章上》。

本章写舜怎样逃脱家庭的谋害，宽大对待兄弟，以说明舜是儒家“孝”、“友”的典型。全章包括三个部分：一、关于舜不告而娶的议论。二、在“完廪”和“浚井”两件事中，舜逃脱了象和父母的谋害，又以宽大的态度对待兄弟，让象替他去管理臣民百姓。三、用子产受骗的故事，说明舜并非不知道象参与了对自己的谋害，他这样做的原因，一方面固然是由于象装出了爱兄的样子，另一方面则是舜恪守了儒家的伦理观念。

万章问曰：“《诗》云，‘娶妻如之何？必告父母①。’信斯言者，宜莫如舜。舜之不告而娶，何也？”

孟子曰：“告则不得娶。男女居室，人之大伦也。如告，则废人之大伦，以怼父母②，是以不告也。”

万章曰：“舜之不告而娶，则吾既得闻命矣；帝之妻舜而不告，何也？”

曰：“帝亦知告焉则不得妻也。”

万章曰：“父母使舜完廪，捐阶，瞽瞍焚廪③。使浚井，出，从而揜之。象曰：‘谟盖都君咸我绩④，牛羊父母，仓廪父母，干戈朕，琴朕，弤朕，二嫂使治朕栖。’象往入舜宫，舜在床琴。象曰：‘郁陶思君尔⑤。’忸怩。舜曰：‘惟兹臣庶，汝其于予治。’不识舜不知象之将杀己与？”

【注释】

① 见《诗·齐风·南山》。如之何：怎么办。舜时自然尚无此诗，万章的意思只不过提出《诗》中的礼制与舜的行为不一致，不是说舜应依此诗之礼而行事。② 以怼(duì)父母：为父母所怨恨。③ 完廪：完：修缮，完缮。廪：谷仓。捐：去掉。阶：梯子。瞽瞍：舜的父亲。④ 谟盖：谋害。都君：指舜。咸：皆，都。绩：功劳。⑤ 郁陶(yáo)：忧愁思念的样子。

曰：“奚而不知也？象忧亦忧，象喜亦喜。”

曰：“然则舜伪喜者与？”

曰：“否。昔者有馈生鱼于郑子产，子产使校人畜之池①。校人烹之，反命曰：‘始舍之，圉圉焉②，少则洋洋焉，悠然而逝。’子产曰：‘得其所哉！得其所哉！’校人出，曰：‘孰谓子产智？予既烹而食之，曰：“得其所哉！得其所哉。”’故君子可欺以其方，难罔以非其道。彼以爱兄之道来，故诚信而喜之，奚伪焉？”

【注释】

① 校人：管理池塘的小官。② 圉圉：困惫的样子。

【翻译】

万章问道："《诗经》上说：'娶妻如之何？必告父母。'信奉这话的，应该没有比得上舜的了。但舜却事先不禀告父母就娶了妻，这是什么原因呢？"

孟子说："如果事先禀告了父母，一定娶不成。男女结合是人世间的一种必然关系。假如舜事先禀告了父母，这种必然关系在舜身上就不能实现，更使父母增加对他的怨恨，所以他才不禀告。"

万章说："舜不禀告父母便娶妻，这一点我已经明白了；尧使舜成婚也不告诉舜的父母，这又是什么原因呢？"

孟子说："尧也知道，假如事先告诉舜的父母，舜也就不能完婚。"

万章说："舜的父母曾让舜去修缮谷仓，待舜上了仓顶，便抽去梯子，他父亲瞽叟还放火焚毁了那谷仓，幸而舜设法逃了下来。于是又让舜去淘井，他并不知道舜能从侧井出来了，便用土掩盖了井眼。舜的兄弟象说：'谋害舜都是我的功劳，牛羊分给父母，仓廪分给父母，干戈归我，琴归我，弤弓归我，两位嫂嫂替我整理床铺。'象走到舜的住房那儿去，却见舜好端端地坐在床边弹琴。象说：'哎哟，我好想念您呀！'但神情上却很不自然。舜说：'我惦念着那些臣民百姓，你来帮助我管理一下吧。'我不晓得舜就不知道象要谋害他吗？"

孟子说："为什么不知道呢？象忧愁，他也忧愁；象高兴，他也高兴。"

万章说："那么，舜的高兴是伪装的吗？"

孟子说："不是。以前曾有人把一条活鱼送给郑国的子产，子产让管理池塘的人将鱼送往池塘畜养起来。那人却把鱼煮着吃了，回来报告说：'刚把它放进水里还半死不活的，一会儿就摇着尾巴舒展开来，转瞬间即在深水中消失了。'子产说：'它得到了好地方了，得到了好地方了！'那人出来后，说道：'谁说子产聪明？我已经把那条鱼煮着吃了，他还说"得到了好地方了，得到了好地方了"。'所以对待君子，可以用合于情理的方法来欺骗他，难以用违背情理的诡诈蒙蔽他。象既然装出了敬爱兄长的样子，那么舜也就真诚地相信并高兴起来，怎么会是伪装的呢？"

尧以天下与舜*

* 本章选自《万章上》。

本章的前半部分肯定了舜能统治天下完全是“天意”，而不是某个人推荐努力的结果；后半部分主要讲述了天意是怎样表达出来的。搞通本章的核心，是把握住对“天”的正确理解。这个“天”不是一个无形的主宰，而是一种义理；它的意志是由“民”表现出来的。因此，所谓的天意，其实正是民意。文章引用(《尚书·泰誓》)的两句话结尾，进一步点明了本章的主旨。

万章曰：“尧以天下与舜，有诸①！”

孟子曰：“否。天子不能以天下与人。”

“然则舜有天下也，孰与之？”

曰：“天与之。”

“天与之者，谆谆然②命之乎？”

曰：“否。天不言，以行与事示之而已矣。”

曰：“以行与事示之者，如之何？”

曰：“天子能荐人于天，不能使天与之天下；诸侯能荐人于天子，不能使天子与之诸侯；大夫能荐人于诸侯，不能使诸侯与之大夫。昔者，尧荐舜于天，而天受之；暴之于民③，而民受之，故曰，天不言，以行与事示之而已矣。”

【注释】

① 诸："之乎"二字的合音。② 谆谆然：叮咛周至的样子。③ 暴：显示，表露。

曰："敢问荐之于天，而天受之；暴之于民，而民受之，如何？"

曰："使之主祭，而百神享之，是天受之；使之主事，而事治，百姓安之，是民受之也。天与之，人与之，故曰天子不能以天下与人。舜相尧二十有八载，非人之所能为也，天也。尧崩，三年之丧毕，舜避尧之子于南河之南①，天下诸侯朝觐者，不之尧之子而之舜；讼狱者，不之尧之子而之舜；讴歌者，不讴歌尧之子而讴歌舜，故曰天也。夫然后之中国②，践天子位焉。而居尧之宫③，逼尧之子，是篡也，非天与也。《太誓》曰：'天视自我民视，天听自我民听④。'此之谓也。"

【注释】

① 南河：《史记集解》引刘熙说，以为南河为《尚书·禹贡》中九河之最南者；《史记正义》引《括地志》则以为南河是《尚书·禹贡》"至于南河"的南河。二说虽不同，但认为南河之南为"濮地"则同。濮：今河南濮阳。② 中国：谓帝王之都邑。③ 而：同"如"。④"天视自我民视，天听自我

民听”，意为上天看到的，就是百姓所看到的；上天听到的，也就是百姓所听到的。

【翻译】

万章说：“尧把天下授于舜，有这件事吗？”

孟子说：“不，天子不能把天下授于人。”

“那么舜得到了天下，是谁授与的呢？”

答道：“是天授于他的。”

问道：“天授与他时，也曾耐心地叮咛告诫过他吗？”

答道：“不，天不说话，用行动和做事来表示就行了。”

问道：“用行动和做事来表示，是怎样的呢？”

答道：“天子能向天推荐人，却不能迫使天授与他天下；正如诸侯能向天子推荐人，却不能迫使天子授与他诸侯的职位；大夫能向诸侯推荐人，也不能迫使诸侯授与他大夫的职位。以前，尧把舜推荐给天，天接受了；又把舜公开介绍给百姓，百姓也接受了。所以说，天不说话，用行动和做事来表示就行了。”

又问道：“推荐给天，天接受了，公开介绍给百姓，百姓也接受了，又是怎样的呢？”

答道：“让他主持祭祀，众神都来享用，这便是天接受了；让他主持政事，政事得以治理，老百姓安居乐业，这便是百姓接受了。天授与他，百姓授与他，所以说天子不能以天下授与人。舜辅佐尧治理天下二十八年，并不是凭借某个人的意愿所能实现的，这是天意。尧去世了，三年的丧事也告结束，舜为了能使尧的儿子顺利地继承王位，自己就到南河的南面躲避起来。即使这样，天下朝见君主的诸侯,不去尧的儿子那里,却去见舜;打官司的人,不去尧的儿子那里,却去找舜;颂歌的人,不歌颂尧的儿子,却歌颂舜。所以说,这都是天意。在这种情况下,舜后来回到了首都,登上了天子的位置。如果他硬要住进王宫,逼迫尧的儿子将王位让给自己,这属于篡夺,就不是天授与的了。《尚书·太誓》中说过:'天视自我民视,天听自我民听。'说的正是这个意思。"

至于禹而德衰*

* 本章选自《万章上》。

本章所论是传说中尧、舜、禹禅让的故事。孟子引经据典，多方譬解，纵横议论，涉及了较多的历史人物和历史事件。在思想内容上，承接上章，阐述了如何有天下和有天下者应具备的主客观条件。最后引出尧舜的禅让和夏商时代的世袭道理相同的结论。这种论点虽有一定的合理性，但与历史唯物主义的观点毕竟有着很大的距离。因为禅让制的废除、王位世袭制的确立，是我国古代史上的一件大事，它标志着氏族公社制已基本瓦解，保护私有制度和剥削阶级的国家机器已经产生。

万章问曰："人有言，'至于禹而德衰，不传于贤，而传于子①。'有诸？"

孟子曰："否，不然也。天与贤，则与贤；天与子，则与子。昔者，舜荐禹于天，十有七年，舜崩，三年之丧毕，禹避舜之子于阳城②，天下之民从之，若尧崩之后不从尧之子而从舜也。禹荐益于天，七年，禹崩，三年之丧毕，益避禹之子于箕山之阴③。朝觐讼狱者不之益而之启，曰：'吾君之子也。'讴歌者不讴歌益而讴歌启，曰：‘吾君之子也。’丹朱之不肖，舜之子亦不肖。舜之相尧，禹之相舜也，历年多，施泽于民久。启贤，能敬承继禹之道。益之相禹也，历年少，施泽于民未久。

【注释】

①《韩非子·外储说右下》、《新序·节士》都有此说。② 阳城：山名，在今河南登封以北。③ 箕山：在今河南登封东南。山北叫做“阴”。

舜、禹、益相去久远，其子之贤不肖，皆天也，非人之所能为也。莫之为而为者，天也；莫之致而至者，命也。匹夫而有天下者，德必若舜禹，而又有天子荐之者，故仲尼不有天下。继世以有天下，天之所废，必若桀、纣者也，故益、伊尹、周公不有天下。伊尹相汤以王于天下，汤崩，太丁未立[①]，外丙二年[②]，仲壬四年[③]，太甲颠覆汤之典刑[④]，伊尹放之于桐[⑤]，三年，太甲悔过，自怨自艾，于桐处仁迁义，三年，以听伊尹之训己也，复归于亳[⑥]。周公之不有天下，犹益之于夏、伊尹之于殷也。孔子曰：‘唐虞禅，夏后殷周继，其义一也。’”

【注释】

① 太丁：汤之太子，未立而死。② 外丙：太丁之弟。③ 仲壬：《史记·殷本纪》作“中壬”，外丙之弟。④ 太甲：

太丁之子。⑤ 桐：在今河南偃师南。⑥ 亳（bó 伯）：在今河南偃师西。

【翻译】

万章问道："有人说：'到了禹的时候，德行就衰微了，不再把天下传给贤能的人，却传给了自己的儿子。'有这件事吗？"

孟子说："不，不像是有人说的那样。天要授与贤能的人，就授与贤能的人；天要授与君主的儿子，就授与君主的儿子。以前，舜把禹推荐给天，经过十七年，舜死了。三年的丧期结束，禹为了避让舜的儿子就躲到阳城去了。天下的百姓跟随着他，就像尧去世后百姓不跟随尧的儿子却去跟随舜一样。禹把益推荐给天，经过七年，禹死了，三年的丧期结束，益也为了避让禹的儿子而躲到箕山的北面去了。可是朝见天子的人和打官司的人不去益那里而去见启，说道：'他是我们君主的儿子呢。'颂歌的人不歌颂益而歌颂启，说：'他是我们的君主的儿子呢。'尧的儿子丹朱不好，舜的儿子也不好。舜辅佐尧和禹辅佐舜，由于都经历了较多的年月，布施恩惠于百姓的时间也就久了。启很贤明，能够认真地遵循禹的主张方略。益辅佐禹，经历的年月少，布施恩惠于百姓的时间也就短了。舜、禹、益他们为政时间的长短以及他们儿子的好坏，都是天意，不是人的能力所能做到的。没有人这样做而竟这样做了的，那是天意；没有人招引而能够达到，这是命运。一个平民百姓能够得到天下的，他的德行一定要像舜和禹一样，并且还要有天子对他的推荐，所以孔子虽有尧舜之德，因没有天子的推荐，不能得到天下。承袭王位得到天下的，却又被天所废弃，一定是夏桀、商纣那样无德的暴君，所以益、伊尹、周公虽有尧舜之德，因为所逢的君主不像夏桀商纣那样暴虐，也不能得到天下。伊尹曾辅佐汤称王于天下，汤死后太丁没有及位就死了，外丙在位二年，仲壬在位四年，太甲破坏了汤的法度，伊尹就把他流放到桐邑，三年之后，太甲悔改了自己的过错，怨恨自己，决意改悔，就在那里以仁居心，唯义是从，三年后完全能够听从伊尹的训导了，才又回到亳都做天子。周公没有得到天下，就像益在夏朝、伊尹在商朝一样。孔子说过：'唐尧、虞舜以天下禅让，夏商周以世代相传，这道理是一样的。'"

百里奚自鬻于秦养牲者*

*本章选自《万章上》。

百里奚的故事，见于战国西汉多种典籍。他曾被秦穆公授以国政，对秦穆公的称霸起了相当大的作用，因而后人常把他视为圣贤，和伊尹等相提并论。孟子为了辨明百里奚不会以卖身、喂牛的方法干求秦穆公，以事推理，连连发问，充分表现了孟子散文气势磅礴的风格特点。

万章问曰：“或曰：‘百里奚自鬻于秦养牲者五羊之皮①，食牛以要秦穆公。’信乎？”

孟子曰：“否，不然，好事者为之也。百里奚，虞人也②。晋人以垂棘之璧与屈产之乘假道于虞以伐虢③。宫之奇谏，百里奚不谏。知虞公之不可谏而去之秦，年已七十矣；曾不知以食牛干秦穆公之为污也，可谓智乎？不可谏而不谏，可谓不智乎？知虞公之将亡而先去之，不可谓不智也。时举于秦，知穆公之可与有行也而相之，可谓不智乎？相秦而显其君于天下，可传于后世，不贤而能之乎？自鬻以成其君，乡党自好者不为，而谓贤者为之乎？”

【注释】

① 鬻(yù):卖。② 虞:西周初建立的诸侯国,在今山西平陆县东北。③ 事见《左传·僖公二年》。垂棘:晋国地名,在今山西潞城北。屈:在今山西吉县东北。乘(shèng):驾车的马,以屈地所产者为良。

【翻译】

万章问道:"有人说:'百里奚以五张羊皮的价格把自己卖给了秦国饲养牲畜的人,给人家喂牛,他用这种方法取得秦穆公的信任和重用。'这种说法确实可信吗?"

孟子说:"不,不是这样的,这是好事的人编造的。百里奚是虞国人。晋国曾派人以垂棘的美玉和屈地所产的良马向虞国借道去征伐虢国。宫之奇谏阻虞公不要借道给晋国,百里奚却不加劝阻。百里奚知道虞公是不会采纳这种劝谏的,因而离开,到秦国去,这时他已经是七十岁的老人了。他竟然连用喂牛的方法来干求秦穆公是一种污浊的行为都不知道,可以说是聪明吗?他预见到虞公不会采纳正确的意见,而不去劝谏,又能说是不聪明吗?他预见到虞公即将灭亡而提前离开那里,不能说是不聪明的。当他在秦国被举荐出来的时候,就知道秦穆公是位可以帮助而有所作为的君主,因此辅佐他,又能说是不聪明吗?他帮助秦国,使秦穆公的声望显赫于天下,流传于后世,没有聪明才智能做得到吗?卖掉自己来成全君主,即使乡里中洁身自爱的人也不肯做,能说有道德有才能的人肯去做吗?"

伯夷目不视恶色*

*本章选自《万章下》。

在本章中，孟子分析了伯夷、伊尹、柳下惠、孔子几位自己心目中贤人立身处世的不同，指出了他们各自为圣的特点，并以孔子作为他们的集大成者。最后，他借用射箭之“巧”和“力”说明智和圣的不同。朱熹说：“此章言三子之行，各极其一偏。孔子之道，兼全于众理。所以偏者，由其蔽于始，是以缺于终；所以全者，由其知之至，是以行之尽。”虽说在程度上更加抬高了孔子，但基本上还是较符合孟子原义的。

孟子曰：“伯夷目不视恶色，耳不听恶声。非其君不事，非其民不使；治则进，乱则退；横政之所出①，横民之所止，不忍居也。思与乡人处，如以朝衣朝冠坐于涂炭也。当纣之时，居北海之滨，以待天下之清也。故闻伯夷之风者，顽夫廉②，懦夫有立志。

“伊尹曰：‘何事非君？何使非民？’治亦进，乱亦进，曰：‘天之生斯民也，使先知觉后知，使先觉觉后觉。予，天民之先觉者也，予将以此道觉此民也。’思天下之民匹夫匹妇有不与被尧舜之泽者，若己推而内之沟中——其自任以天下之重也。

"柳下惠不羞污君，不辞小官。进不隐贤，必以其道；遗佚而不怨，阨穷而不悯。与乡人处，由由然不忍去也。'尔为尔，我为我，虽袒裼裸裎于我侧③，尔焉能浼我哉？'故闻柳下惠之风者，鄙夫宽④，薄夫敦。⑤

【注释】

① 横(hèng)：横逆。下文"横民"之横亦同。② 顽：贪。③ 袒、裼、裸、裎：四字同义复用，皆赤身露体的意思。④ 鄙：狭隘庸陋。⑤ 薄：刻薄。

"孔子之去齐，接淅而行①，去鲁，曰：'迟迟吾行也，去父母国之道也。'可以速而速，可以久而久，可以处而处，可以仕而仕，孔子也。"

孟子曰："伯夷，圣之清者也；伊尹，圣之任者也；柳下惠，圣之和者也；孔子，圣之时者也。孔子之谓集大成。集大成也者，金声而玉振之也②。金声也者，始条理也；玉振之也者，终条理也。始条理者，智之事也；终条理者，圣之事也。智，譬则巧也；圣，譬则力也。由射于百步之外也③，其至，尔力也；其中，非尔力也。"

【注释】

① 淅：淘米。② 金，指镈钟。玉，指磬。都是古代的乐器。奏乐时先以镈钟起音，后以玉磬收声。③ 由：通"犹"。

【翻译】

孟子说："伯夷眼不看丑恶的事物，耳不听邪恶的声音；不是理想的君主不去侍奉，不是理想的百姓不去驱使；政治清平就出来做事，天下混乱就退居山野。施行暴政的国家，住有暴民的地方，他都不乐意去居住。他认为同乡里人生活在一起，就像穿戴着朝见国君的礼服坐在泥土炭灰之上。在纣王的时候，他到海边去居住，等待着天下的清平。所以受到伯夷风节影响的人，贪鄙的人变为廉洁，懦弱的人有了坚定的意志。

"伊尹说：'哪个君主不可以侍奉？哪个百姓不可以驱使？'政治清平可以出来作官，天下混乱也可以出来做官，并且说：'上天降生了这些百姓，就是要先知先觉的人来启发后知后觉的人。我是这些人中的先觉者，我将以尧舜之道来启发这些人。'他认为天下的百姓中，哪怕只有一个男子或一个妇女没有被尧舜之道的恩泽所施与，就像是自己把他推入到山沟中一般——他就是以这种态度承担起治理天下的重任。

"柳下惠不以侍奉污秽的君主为羞耻，也不因官小而推辞。得以为官就尽力施展才能，绝不违背自己的原则。遭到遗弃也不怨恨，受到穷困也不忧愁。和乡里百姓相处的融洽和谐，竟舍不得离开他们。对某些行为不端的人，他说：'你是你，我是我，你纵然在我身边赤身露体，岂能污染着我吗？'所以受到柳下惠风节影响的人，胸怀狭隘的人变得宽宏大度了，禀性苛薄的人变得质朴敦厚了。

"孔子离开齐国，没等把米淘完，就匆匆上路了。离开鲁国，却说：'我们慢慢地走吧，这是离开祖国的态度。'需要快就马上走，需要继续干就干下去，不应当做官就呆在家里，应该做官就出来做官，这就是孔子。"

孟子说："伯夷是圣人中清高的人，伊尹是圣人中负责的人，柳下惠是圣人中随和的人，孔子则是圣人中明达时务的人。孔子，可以说他是集大成的了。所谓集大成，就如同奏乐时先敲镈钟，最后用特磬结束一样。先敲镈钟，是旋律的前奏；后击特磬，是旋律的尾声。旋律的开始在于智，旋律的尾声在于圣。智好比技巧，圣好比力量。就像在百步之外射箭，射到，是你的力量；射中，却不是仅凭你的力量的了。"

齐宣王问卿*

* 本章选自《万章下》。

本章孟子以回答齐宣王问话的形式,再一次表明了对待君主的态度。提出"君有大过则谏,反复之而不听则易位"。这一观点和"民为贵"、"君之视臣如手足"等章相辅相成。

齐宣王问卿。孟子曰:"王何卿之问也?"

王曰:"卿不同乎?"

曰:"不同。有贵戚之卿①,有异姓之卿。"

王曰:"请问贵戚之卿。"

曰:"君有大过则谏,反覆之而不听则易位。"

王勃然变乎色。

曰:"王勿异也。王问臣,臣不敢不以正对。"

王色定,然后请问异姓之卿。

曰:"君有过则谏,反覆之而不听则去。"

【注释】

① 贵戚之卿:指与王同姓之卿。

【翻译】

齐宣王向孟子问关于公卿的事情。孟子说:"王问的是什么样的公卿呢?”

王说:“公卿还有什么不同吗?”

孟子说:“不一样。有和王室同宗族的公卿,有和王室没有关系的公卿。”

王说:“请问和王室有关系的公卿。”

孟子说:“君主若有重大过失,他应该劝说阻止,反复劝止而王仍不改正,就应该变更君位,另立贤君。”

宣王顿时改变脸色。

孟子说:“王不要惊讶。您问我,我不敢不用老实话来回答呀。”

王的脸色平静了,然后问和王室没有宗族关系的公卿。

孟子说:“君主若有过错,便劝说阻止他,反复地劝止而全仍不采纳,就自动离职。”

性犹湍水*

* 本章选自《告子上》。

本章告子以水的不定向性比喻人性，认为人性本无善与不善之分；孟子也用水性做以解释，认为善是人的本性中所具有的，性之向善就像水都要向下流一样。而且人性也是可以改变的，就像水在外力的作用下改变运动方向是一个道理。

告子曰："性犹湍水也①，决诸东方则东流，决诸西方则西流。人性之无分于善不善也，犹水之无分于东西也。"

孟子曰："水信无分于东西②，无分于上下乎？人性之善也，犹水之就下也③。人无有不善，水无有不下。今夫水，搏而跃之，可使过颡④；激而行之，可使在山。是岂水之性哉？其势则然也。人之可使为不善，其性亦犹是也。"

【注释】

① 湍：急流。② 信：确实。③ 就：趋向。④ 颡（sǎng）：额。

【翻译】

告子说:“人性就像那湍急的流水,从东方决开它就向东方流去,从西方决开它就向西方流淌。人这种无所谓善与不善的特性,就像水那种东流西淌没有一定的方向相类似。”

孟子说:“水诚然没有东流或西淌的固定方向,但也没有向上或向下的特性吗?人向善的本性,恰似水向下流。人没有不向善的,水没有不向下的。现在就说水吧,拍击的浪花可以高过额顶,受阻的洪水能够折向高山。这难道是水的本性吗?是客观环境促使它这样的。人所以能使他做坏事,其本性改变的原因,也像那改变了方向的水呢。”

生之为性*

* 本章选自《告子上》。

这是告子与孟子继续就人性问题展开的辩论。告子坚持上章的观点,以"生之为性"借以证明他的人性无善恶论。孟子则用其惯用的手法,以类比的方式把一个至关重要的课题举重若轻地提了出来,使对方落入圈套,最后引出一个明显错误的结论使对方难以自圆其说。值得注意的是孟子在推理的过程中混淆了两个不同的概念。白羽之白、白雪之白和白玉之白是事物表现形式中某一方面的相类似,是非本质属性;而犬之性、牛之性和人之性则各有其不同的内容,是本质的属性。

告子曰:"生之谓性。"

孟子曰:"生之谓性也,犹白之谓白也?"

曰:"然。"

"白羽之白也,犹白雪之白,白雪之白犹白玉之白与?"

曰:"然。"

"然则犬之性犹牛之性,牛之性犹人之性与?"

【翻译】

告子说:“天生的资质叫做本性。”

孟子说:“天生的资质叫做本性,就像所有白色的东西都称做白吗?”

答道:“是这样。”

“白羽毛的白犹如白雪的白,白雪的白犹如白玉的白吗?”

答道:“是这样。”

“这样的话,那么狗性犹如牛性,牛性犹如人性吗?”

食色性也*

* 本章选自《告子上》。

本章开头告子以"食色，性也"谈起，由于对这一说法儒家认识较为一致，所以孟子对此并未表示异议，但对其仁内义外的说法却连连设譬诘难，最后用"以子之矛攻子之盾"的方法驳倒了对方。

告子曰："食色，性也。仁，内也，非外也；义，外也，非内也。"

孟子曰："何以谓仁内义外也？"

曰："彼长而我长之①，非有长于我也；犹彼白而我白之，从其白于外也，故谓之外也。"

曰："异于白马之白也，无以异于白人之白也；不识长马之长也，无以异于长人之长与？且谓长者义乎？长之者义乎？"

曰："吾弟则爱之，秦人之弟则不爱也，是以我为悦者也，故谓之内。长楚人之长，亦长吾之长，是以长为悦者也，故谓之外也。"

曰："耆秦人之炙②，无以异于耆吾炙，夫物则亦有然者也，然则耆炙亦有外与？"

【注释】

① 句中第一个长(zhǎng)是年长的意思,第二个长用作动词。② 耆:同“嗜”,嗜好,喜欢。

【翻译】

告子说:“食欲和性欲,都是天性。仁是内在的东西,不是外在的;义是外在的东西,不是内在的。”

孟子说:“根据什么说仁是内在的东西,义是外在的东西呢?”

告子说:“他的年纪大,因而我就以对待长者的态度去对待他,这并不是因为我具有对待长者的态度;就像它是白颜色的东西,因而我才把它看作是白颜色的,这是根据其外表具有白色所以才这样认识,因而叫做外在的。”

孟子说:“白马的白和白人的白大概没有什么区别,不知对待老马的态度和对待老人的态度也会没有什么区别吗? 况且你所说的义是指的长者呢? 还是指的对待长者的人呢?”

告子说:“是我的弟弟,我就喜爱他,是秦国人的弟弟,我就不喜爱他,这是因为我是喜爱的主体,所以仁叫做内在的东西。尊敬楚国的老人,也尊敬自己的老人,这是因为他们都是属于受人尊敬的客体,所以义叫做外在的东西。”

孟子说:“喜爱吃秦国人的烤肉与喜爱吃自己的烤肉大概没有什么区别,各种事物也不乏与此相似的,那么喜爱吃烤肉的心也是外在的东西吗?”

性无善无不善*

* 本章选自《告子上》。

本章公都子对“人性”的问题提出了三种不同的看法以求教于孟子，孟子则在坚持人没有不善的基础上对人性的善与不善做了更深一层的解释，提出人都具有“仁义礼智”的本性。人与人之间所以存有差别，那是因为人性的本质没有充分发挥的缘故。这一章可以说是孟子性善论的一个小结。

公都子曰：“告子曰：‘性无善无不善也。’或曰：‘性可以为善，可以为不善。是故文、武兴则民好善，幽、厉兴则民好暴。’或曰：‘有性善，有性不善。是故以尧为君而有象，以瞽瞍为父而有舜；以纣为兄之子，且以为君，而有微子启、王子比干。’今曰‘性善’，然则彼皆非与？”

孟子曰：“乃若其情①，则可以为善矣，乃所谓善也。若夫为不善，非才之罪也②。恻隐之心，人皆有之；羞恶之心，人皆有之；恭敬之心，人皆有之；是非之心，人皆有之。恻隐之心，仁也；羞恶之心，义也；恭敬之心，礼也；是非之心，智也。仁义礼智，非由外铄我也③，我固有之也，弗思耳矣。故曰：‘求则得之，舍则失之。’或相倍蓰而无算者④，不能尽其才者也。《诗》曰：‘天生蒸民，有物有则。民之秉彝，好是懿德⑤。’孔子曰：‘为此诗者，其知道乎！故有物必有则，民之秉彝也，故好是懿德。’”

【注释】

① 乃若：至于。② 才：情和才在这里都是指天资或天性。③ 铄：本意是指销炼金属，此处引申为由外饰以成人之美的意思。④ 蓰（xǐ）：五倍。算：数。⑤ 见《诗经·大雅·蒸民》。蒸民：众民。物：事物。则：法则。秉：执，把握。彝：常法，规律。懿：美好。此诗大意为：上天生育下众多的百姓，各个事物都有它的法则。人们把握这些规律，喜爱那美好的品德。

【翻译】

公都子说：“告子说：‘人性无所谓善和不善。’有的人则说：‘人性可以使它善良，也可以使它不善良。因而周文王和周武王统治天下，百姓多趋向善良；周幽王和周厉王统治天下，百姓多趋向凶暴。’也有人说：‘有的人本性善良，有的人本性不善良。因而当尧这样的圣人做君主的时候，却有象这种不好的百姓；当瞽瞍这样的人做父亲时，却有舜这样的好儿子；当纣这样的人作为侄儿又是君主的时候，却有微子启、王子比干这样的贤臣仁人。’现在老师说‘人的本性都是善良的’，莫非他们说的都不对吗？”

孟子说：“至于他们的本性，并非不可以为善，这便是我所说的人性善良。至于有些人不好,也不能归罪于他的天资。同情之心,人人都有;羞耻之心,人人都有;恭敬之心,人人都有;是非之心,人人都有。同情之心属于仁,羞耻之心属于义,恭敬之心属于礼,是非之心属于智。仁义礼智并不是由外界授于我的,是我本来就具有的,不过人们不曾都去探索它罢了。所以说,'努力探求,就能得到;放弃不顾,就会丧失。'人与人之间的差距,有的相差一倍、五倍甚至无数倍,原因就在于没有充分发挥他们的天性。《诗经》上说:'天生蒸民,有物有则。民之秉彝,好是懿德。'孔子说:'作这首诗的人,大概懂得这个规律吧。有事物,便有它的法则。老百姓掌握了它们的规律,所以喜爱那优良的品德。'"

富岁子弟多赖*

* 本章选自《告子上》。

本章在于说明，人们的心就像耳、目、口有着相近似的地方。就本质而言，“心”对“理”、“义”都有共同的认识；其有所不同，是由于种种客观原因“陷溺”其心，犹如大麦不齐是由于雨露不同一样。指出了人心之爱好理义，就如同人口之爱好美食一样的道理。

孟子曰：“富岁子弟多赖①，凶岁子弟多暴，非天之降才尔殊也，其所以陷溺其心者然也。今夫麰麦②，播种而耰之，其地同，树之时又同，浡然而生，至于日至之时，皆熟矣。虽有不同，则地有肥硗、雨露之养，人事之不齐也。故凡同类者，举相似也，何独至于人而疑之？圣人，与我同类者。故龙子③曰：‘不知足而为屦，我知其不为蒉也④。’屦之相似，天下之足同也。口之于味，有同耆也，易牙先得我口之所耆者也⑤。如使口之于味也，其性与人殊，若犬马之与我不同类也，则天下何耆皆从易牙之于味也？至于味，天下期于易牙，是天下之口相似也。惟耳亦然。至于声，天下期于师旷⑥，是天下之耳相似也。惟目亦然。至于子都⑦，天下莫不知其姣也。不知子都之姣者，无目者也。故曰，口之于味也，有同耆焉；耳之于声也，有同听焉；目之于色也，有同美焉。至于心，独无所同然乎？心之所同然者何也？谓理也，义也。圣人先得我心之所同然耳。故理义之悦我心，犹刍豢之悦我口。”

【注释】

①赖：懒惰。②麰（móu）：大麦。③龙子：古代的贤者。④蒉（kuì）：用竹或草编成的筐、篮。⑤易牙：春秋时齐国最擅烹调的人，齐桓公的宠臣。⑥师旷：春秋晋平公时著名的乐官。⑦子都：古人对美男子的称呼。

【翻译】

孟子说：“丰年，人民富足，年轻人多半懒惰；荒年，人民贫困，年轻人多半强暴。不是天所赋予的本性不同，而是由于环境使他们人性堕落的缘故。譬如大麦，播种之后再耙地平整，土质一样，下种季节也相同，便会蓬勃地生长，到了夏至的时候，都会成熟了。即使有所不同，那是由于土地的肥瘠、雨露的多少、管理的不一样而造成的。因而凡是同类事物，都有相似之处，为什么单单对于人类就产生怀疑了呢？圣人也是我们的同类。所以龙子说：‘尽管不知道脚的大小而编草鞋，我想他也不会编成筐子。’草鞋的相似，是因为人们脚形的相同。口对于味道，有相同的嗜好，易牙就先了解了我们所喜欢的东西。假如口对于味道，因人而异，就像狗马与我们人不属一类一样，那么天下人谁还去追随易牙的口味呢？一讲到口味，人们都以易牙为标准，这是天下人的味觉基本相同的缘故。耳朵也是这样。一说到声音，人们都以师旷为标准，这是天下人的听觉基本相同的缘故。眼睛也是这样。一说到子都，天下没有谁不知道他貌美的。不知道子都貌美的，那是没有眼睛的人。所以说，口对于味道，有相同的嗜好；耳对于声音，有相同的听觉；目对于形貌，有相同的美感。说到心，唯有它没有相同之处了吗？人们的心有什么相同之处呢？相同之处是理和义。圣人也是人，只不过他先得到我们心中相同的理、义罢了。所以理、义使我的心高兴，就像牛羊猪狗的肉适合我的口味一般。”

无或乎王之不智*

* 本章选自《告子上》。

本章孟子由“无或乎王之不智”谈起，说明了怎样才能增强学习的效果。人们一般认为此章主旨在于告诫学习者只有专心致志地学习，才能明辨是非获得技能，从而达到“智”。其实孟子是从“施教”与“请教”两个方面来说明的：施教者应当不断地启发诱导学生，不能“一暴十寒”；请教者应努力学习，用心专一。这两者紧密地结合起来，才能取得好的成绩。

孟子曰：“无或乎王之不智也①。虽有天下易生之物也，一日暴之②，十日寒之，未有能生者也。吾见亦罕矣，吾退而寒之者至矣，吾如有萌焉何哉？今夫弈之为数，小数也；不专心致志，则不得也。弈秋③，通国之善弈者也。使弈秋诲二人弈，其一人专心致志，惟弈秋之为听。一人虽听之，一心以为有鸿鹄将至，思援弓缴而射之④，虽与之俱学，弗若之矣。为是其智弗若与？曰：非然也。”

【注释】

① 或：通“惑”。② 暴：即今“曝”字，晒。③ 弈秋：弈是

围棋，秋是人名，因为他是围棋高手，所以不著其姓，称为“弈秋”。④ 缴（zhuó）：用生丝搓成的细绳，把它系在箭上，用以射鸟。

【翻译】

孟子说：“无怪乎王的不聪明。即使是天下最容易生长的植物，晒它一天，冻它十天，也没有能够再生长的。我得见于王的次数太少了，我退居在家，对他冷淡得太久了，他虽然有善心的萌芽，我怎能使那萌芽生长起来呢？现在下围棋也算作一种技能——当然这仅仅是一种小技能，尽管如此，不集中精力、用心专一，也达不到较高的水平。弈秋，可以说是全国最擅长下棋的人了。假如让他向两个人传授棋艺，其中一人用心专一，只注意听弈秋的话。另一人虽然也在听着弈秋的话，心里却在盘算：有只天鹅将要飞来了，我要拿起弓来，再把丝线系在箭上去射它。这样，尽管他是与那人一道学习的，成绩肯定不如人家。这是由于他的聪明才智不及别人吗？结论是否定的。”

鱼我所欲也*

* 本章选自《告子上》。

本章论说了人应当怎样对待“所欲”的问题。孟子认为人之所欲最重要的是“义”，为了取义，必要时不惜以生命为代价。这“义”的内涵是“羞恶之心”，其主要特点是“知耻”。所以无论是“嘑尔之食”，还是不合礼义的万钟俸禄，都不应当接受，否则就是失其本心。这表现了他为坚持操守，在任何情况下都不动摇的坚定信念；而“舍生取义”也成了后世流传的著名成语。

孟子曰：“鱼，我所欲也；熊掌，亦我所欲也，二者不可得兼，舍鱼而取熊掌者也。生，亦我所欲也；义，亦我所欲也，二者不可得兼，舍生而取义者也。生亦我所欲，所欲有甚于生者，故不为苟得也；死亦我所恶①，所恶有甚于死者，故患有所不辟也②。如使人之所欲莫甚于生，则凡可以得生者，何不用也？使人之所恶莫甚于死者，则凡可以辟患者，何不为也？由是则生而有不用也，由是则可以辟患而有不为也，是故所欲有甚于生者，所恶有甚于死者。非独贤者有是心也，人皆有之，贤者能勿丧耳。一箪食③，一豆羹④，得之则生，弗得则死，嘑尔而与之⑤，行道之人弗受；蹴尔而与之⑥，乞人不屑也；万钟则不辩礼义而受之⑦。万钟于我何加焉？为宫室之美、妻妾之奉、所识穷乏者得我与⑧？乡为身死而不受，今为宫室之美为之；乡为身死而不受，今为妻妾之奉为之；乡为身死而不受，今为所识穷乏者得我而为之，是亦不可以已乎？此之谓失其本心。"

【注释】

① 恶(wù)：厌恶。② 辟：通"避"。下文"辟患"之"辟"亦同。③ 食(旧读 sì)：食物。④ 豆：古代盛羹汤的器皿。⑤ 嘑：同"呼"，旧读去声(hù)。呵叱。⑥ 蹴：践踏。⑦ 钟：量名，一钟六斛四斗。⑧ 得：通"德"，这里指以我为德、感激的意思。

【翻译】

孟子说："鱼是我所期望得到的，熊掌也是我期望得到的，在这两者不能兼而有之的情况下，便舍弃鱼而要熊掌。生命是我所期求的，义也是我所期求的，在两者不能兼而有之的情况下，便舍弃生命而取义。生命本是我所期求的，当所期求的东西比生命更重要时，因而不去苟且偷生；死本是我所厌恶的，当所厌恶的东西比抛弃生命更让人难以接受时，故而有的祸患并不去躲避。假如使人们求得生存的欲望大于一切，那么所有可以求生的手段，有什么不去使用呢？假如使人们厌恶的没有超过死亡的，那么所有可以避免祸患的事情，有什么不去做的呢？但是，有的人由此而行，便能得以生存，却不去做；由此而行，便能避免祸患，却不去干。所以使人期求的东西有大于生命的，令人厌恶的东西有超过死亡的。并不仅是贤人有这种心，人人都有它，不过贤人能持而不失罢了。一筐食物，一碗汤菜，得到它就能生存，没有它就会饿死，如果鄙视地呼喝着给人，就是过路的饥人也不会接受；践踏过再给与人，乞丐也不屑一顾；但对于万钟的俸禄，有的人竟不问是否合于礼义，就欣然接受了。万钟的俸禄能给我增加些什么呢？为了用来建造华美的宫室、妻妾享乐的供奉和接济穷困朋友使他们感激自己的恩惠吗？过去舍弃生命而不接受的，现在为了宫室的华美而这样做；过去舍弃生命而不接受的，现在为了妻妾的享乐而这样做；过去舍弃生命而不接受的，现在为了穷困朋友的感激而这样做，这些远不如生命珍重的事情，不可以就此住手吗？这就叫做失却了他的本性。”

钧是人也*

* 本章选自《告子上》。

在本章中，孟子认为做人必须树立起人心向善的思想，这样耳目之情欲便不会侵扰人的本性，使心不为形所役，也就可以成为“君子”了。

公都子问曰：“钧是人也①，或为大人，或为小人，何也？”

孟子曰：“从其大体为大人，从其小体为小人。”

曰：“钧是人也，或从其大体，或从其小体，何也？”

曰：“耳目之官不思，而蔽于物。物交物，则引之而已矣。心之官则思，思则得之，不思则不得也。此天之所与我者。先立乎其大者，则其小者弗能夺也。此为大人而已矣。”

【注释】

① 钧：通“均”，同样。

【翻译】

公都子问道：“同样是人，有的人成为君子，有的人成为小人,这是什么道理呢?”

孟子答道:“注重身体重要器官培养的是君子,满足身体次要器官需要的是小人。”

又问道:“同样是人,有的人注重身体重要器官的培养,有的人满足身体次要器官的需要,这又是什么缘故呢?”

回答说:“耳朵与眼睛这类感官不会思考,因而容易被事物的表面现象所蒙蔽。一旦与外界事物相接触,便被引向迷途了。心的职能在于思考,运用思考,便会得到感官得不到的东西。不去思考,就得不到。心是天特意授予我们人类的,所以要先把它树立起来。这样,就不会受到次要器官的侵扰了。有的人能成为君子,也就是这么种原因。”

羿之教人射[*]

[*] 本章选自《告子上》。

本章说明学习一定要遵循两个基本原则：一是要胸怀大志，坚持高标准；二是要有正确的途径，有科学的方法。

孟子曰："羿之教人射，必志于彀①，学者亦必志于彀。大匠诲人必以规矩，学者亦必以规矩。"

【注释】

① 彀（gòu）：将弓拉满。

【翻译】

孟子说："羿教人箭法，一定要求拉满弓，学习的人也一定要努力拉满弓。高明的匠人教导人，一定依循规矩，学习的人也一定要遵照规矩。"

礼与食孰重*

* 本章选自《告子下》。

本章旨在说明"礼"和"欲"的关系问题。依儒家学说,"礼"是用来调节"欲"的,因而"礼"对"欲"有一定的制约作用。"食色,性也",饮食婚姻都是人类生活中不可缺少的"欲",和"礼"产生矛盾的可能性最大。当两者产生矛盾时应如何解决?孟子的态度是注重礼的基本原则,不强调形式。在不争夺、不淫乱的原则基础上,可以根据实际情况,权衡轻重来行事。例如:"娶妻必告父母"是礼,但在"告则不得娶"的情况下,为了"有后",也可以"不告而娶"。"男女授受不亲"属礼,但当嫂嫂溺水后用手将她救起也不算违礼。总之,对待"礼"和"欲"的关系,要结合"义"来考查,不在礼的形式上做文章。相形之下,"任人"的意向,就显得比较拘泥。

任人有问屋庐子曰①:"礼与食孰重?"

曰:"礼重。"

"色与礼孰重?"

曰:"礼重。"

曰:"以礼食,则饥而死;不以礼食,则得食,必以

礼乎？亲迎②，则不得妻；不亲迎，则得妻，必亲迎乎？”

屋庐子不能对，明日之邹以告孟子。

孟子曰：“于答是也，何有？不揣其本而齐其末③，方寸之木可使高于岑楼。金重于羽者，岂谓一钩金与一舆羽之谓哉？取食之重者与礼之轻者而比之，奚翅食重？④取色之重者与礼之轻者而比之，奚翅色重？往应之曰：‘紾兄之臂而夺之食⑤，则得食；不紾，则不得食，则将紾之乎？逾东家墙而搂其处子则得妻，不搂，则不得妻，则将搂之乎？”

【注释】

① 任：春秋时国名，故址在今山东济宁南马坡、鲁桥一带。屋庐子：孟子弟子屋庐连。② 亲迎：古代男女结婚的六种礼仪之一，指男子亲自到女家迎娶。详见《仪礼·士婚礼》。③ 揣：度量高下。④ 翅：通“啻”。⑤ 紾（zhěn）：扭转。

【翻译】

任国有一个人问屋庐子道：“礼与食相比较，哪一样重要？”

答道：“礼重要。”

“娶妻与礼相比较，哪一样重要？”

答道：“礼重要。”

问道：“如果必须遵照礼的规定才能吃饭，便会饿死；不遵照礼的规定去吃饭，便能得到食物，那么还一定要依循礼的规定吗？如果遵照亲迎礼，便得不到妻子；而不行亲迎礼，便会得到妻子，那么还一定要按亲迎的礼吗？”

屋庐子不能回答，第二天便赶到邹国，把这些话告诉了孟子。

孟子说：“答复这个问题，又有什么为难呢？两个事物相比较，如果不衡量它根本的高低，只区别它末梢的上下，纵然一寸见方的木块，若放置高处可以超过尖顶的楼房。金属重于羽毛，岂能说一个金属钩带比一车羽毛还重吗？用饮食的重要方面和礼的次要方面相比较，何止于饮食重要？用娶妻的重要方面和礼的细节相比较，何止于娶妻重要？这样去答复他吧：‘扭转哥哥的胳膊，抢夺他的食物，就能得到吃的；不扭，就得不着吃的，去不去扭他呢？翻过东邻的垣墙去拥抱人家的姑娘，就能得到妻室；不去拥抱，便得不到妻室，能不能去拥抱呢？’”

人皆可以为尧舜*

* 本章选自《告子下》。

本章说明了“人皆可以为尧舜”的道理。先用比喻说明，有的人之所以不能成为尧舜那样的人，是因为他们“不为”，而不是“不能”，如果先从力所能及的事情做起，学习古圣先贤就不是可望而不可及的事情。这样先消除了曹交的顾虑，使他明确了方向，树立起信心。其次又给他指出学习的方法，应从言行以至服饰都以先贤为榜样，在实践中慢慢体味其中的道理，经过不断地探求，必定会有所得。本章所说明的道理，与“师傅领进门，修行在个人”这句老话同出一辙。

曹交问曰：“人皆可以为尧舜，有诸？”

孟子曰：“然”。

“交闻文王长十尺，汤九尺，今交九尺四寸以长，食粟而已，如何则可？”

曰：“奚有于是？亦为之而已矣。有人于此，力不能胜一匹雏①，则为无力人矣；今日举百钧②，则为有力人矣。然则举乌获之任③，是亦为乌获而已矣。夫人岂以不胜为患哉？弗为耳。徐行后长者谓之弟，疾行先长者谓之不弟。夫徐行者，岂人所不能哉？所不为也。尧、舜之道，孝弟而已矣。子服尧之服，诵尧之言，行尧之行，是尧而已矣。子服桀之服，诵桀之言，行桀之行，是桀而已矣。”

曰：“交得见于邹君，可以假馆④，愿留而受业于门。”

曰：“夫道若大路然，岂难知哉？人病不求耳。子归而求之，有余师。”

【注释】

① 胜(shēng)：堪任。雏：小鸡。② 百钧：古三千斤。③ 乌获：秦武王的力士。④ 假：借。馆：客舍。

【翻译】

曹交问道：“人人都可以成为尧、舜那样的人，有这话吗？”

孟子答道：“有的。”

曹交问道：“我听说文王身高一丈，汤身高九尺，现在我也有九尺四寸多高的身材了，却仅能吃饭罢了，怎样才能成为尧、舜那样的人呢？”

孟子说：“这有什么困难呢？也照他们那样做就是了。假如有个人，连只小鸡也提不起来，真可以说是毫无力气的人了；如果说能够举三千斤，又可以说是很有力气的人了。但是得够举起乌获所能举的重量的，这也只有乌获能够做到就是了。人怎么能以不能胜任而忧愁呢？只是没有去做罢了。慢慢地走在长者之后叫作弟；快步跑在长者前面叫作不弟。慢点走，不与长者抢道，难道是人所不能的吗？只是不那样做罢了。尧、舜之道，讲的不过是孝和弟罢了。你穿尧的衣服，说尧的话，像尧那样行事，就像尧一样了。你穿桀的衣服，说桀的话，像桀那样行事，就像桀一样了。”

曹交说：“我想面见邹君，向他借个住宿之处，情愿留在您的门下听取教诲。”

孟子说：“正确的学说和主张就像大路一样，难道不易知晓吗？只怕人不去寻求罢了。你回去探求它吧，老师多得很呢。”

宋牼将之楚*

* 本章选自《告子下》。

本章记叙了孟子与宋牼途中相遇时的一段话。当时正值秦楚交兵，宋牼准备向秦楚两国的国君进言，陈明利害，劝说他们停止战事。这种愿望自然与孟子的主张相一致，所以孟子在肯定了他的意向之后，也表示了自己不同的看法。认为宋牼在方法上与其作利害的分析不如从仁义上劝导，并把这两种方法所引出的结果提高到治国和亡国的高度来认识。

宋牼将之楚①，孟子遇于石丘②，曰：“先生将何之？”曰：“吾闻秦楚构兵③，我将见楚王说而罢之。楚王不悦，我将见秦王说而罢之。二王我将有所遇焉④。”曰：“轲也请无问其详，愿闻其指。说之将何如？”曰：“我将言其不利也。”

曰：“先生之志则大矣，先生之号则不可。先生以利说秦楚之王，秦楚之王悦于利，以罢三军之师，是三军之士乐罢而悦于利也。为人臣者怀利以事其君，为人子者怀利以事其父，为人弟者怀利以事其兄，是君臣、父子、兄弟终去仁义，怀利以相接，然而不亡者，未之有也。先生以仁义说秦楚之王，秦楚之王悦于仁义，而罢三军之师，是三军之士乐罢而悦于仁义也。为人臣者怀仁义以事其君，为人子者怀仁义以事其父，为人弟者怀仁义以事其兄，是君臣、父子、兄弟去利怀仁义以相接也，然而不王者，未之有也。何必曰利？”

【注释】

① 宋牼(kēng)：宋国人，战国时的著名学者。主张禁攻寝兵。② 石丘：地名，其址不详。③ 构兵：交兵。④ 遇：说而相合谓之遇。

【翻译】

宋牼准备到楚国去，和孟子相遇于石丘。孟子问道："先生要到哪里去？"答道："我听说秦、楚两国交兵，因而想面见楚王，向他进言，劝他停止用兵。如果楚王不乐意这样做，我还打算再面见秦王，向他进言，劝他停止用兵。在这两个国君之中，总会有所遇合。"孟子说："我不想过细地了解，只想请问一下大意，你准备怎样向他们进言呢？"答道："我打算劝说他这样用兵将不会得到好处。"

孟子说："先生的意向很值得称道，但先生的提法却不妥。先生以利益劝说秦王、楚王，他们为了求得好处而停止用兵，三军的将士也因为能得到好处而乐于罢兵。这样的话，做臣属的一心想着利益来服事君主，做儿子的一心想着利益来服事父亲，做兄弟的一心想着利益来服事兄长，那君臣、父子、兄弟之间就会完全丧失仁义，都以唯利是图的态度打交道，如此而国家不灭亡，没有这样的事。

先生若是用仁义劝说秦王、楚王，使他们因为喜爱仁义而停止用兵，这样就会使三军的将士乐于罢兵，并因此而喜爱仁义。做臣属的以仁义为念来服事君主，做儿子的以仁义为念来服事父亲，做兄弟的以仁义为念来服事兄长，这样君臣、父子、兄弟之间就会抛弃利益观念，而从仁义出发相对待。像这样都以仁义相对待而国家不能得以治理，也是没有的事。为什么要用利益去进言呢？”

五霸者，三王之罪人也*

* 本章选自《告子下》。

本章孟子开宗明义提出论点，认为五霸是三王的罪人，现今诸侯是五霸的罪人，而现今的大夫又是现今诸侯的罪人。在层层的论述中，抨击了时政，哀叹当时道德沦丧，江河日下，表现了对三王时期的景仰。这是孟子思想保守的一面，但他也对当时士大夫们曲意逢迎君主的恶行给予痛斥，认为使君主做了坏事还心安理得比帮助君主做坏事的罪过还要大，又表现了积极的一面。

孟子曰："五霸者①，三王之罪人也；今之诸侯，五霸之罪人也；今之大夫，今之诸侯之罪人也。天子适诸侯曰巡狩，诸侯朝于天子曰述职。春省耕而补不足，秋省敛而助不给。入其疆，土地辟，田野治，养老尊贤，俊杰在位，则有庆②，庆以地。入其疆，土地荒芜，遗老失贤，掊克在位③，则有让④。一不朝，则贬其爵；再不朝，则削其地；三不朝，则六师移之。是故天子讨而不伐，诸侯伐而不讨。五霸者，搂诸侯以伐诸侯者也⑤，故曰，五霸者，三王之罪人也。五霸，桓公为盛。葵丘之会⑥，诸侯束牲载书而不歃血。初命曰：‘诛不孝，无易树子，无以妾为妻。’再命曰：‘尊贤育才，以彰有德。’三命曰：‘敬老慈幼，无忘宾旅。’四命曰：‘士无世官，官事无摄，取士必得，无专杀大夫。’五命曰：‘无曲防⑦，无遏籴，无有封而不告⑧。’曰：‘凡我同盟之人，既盟之后，言归于好。’今之诸侯皆犯此五禁，故曰：今之诸侯，五霸之罪人也。长君之恶其罪小，逢君之恶其罪大。今之大夫皆逢君之恶，故曰：今之大夫，今之诸侯之罪人也。”

【注释】

① 五霸：比较通行的说法是指齐桓公、晋文公、秦穆公、宋襄公、楚庄王。三王：指夏禹、商汤、周文王。② 庆：赏。③ 掊(póu)克：聚敛民财。④ 让：责罚。⑤ 搂：强力挟持。⑥ 葵丘之会：公元前651年，齐桓公在葵丘(今河南兰考东)大会诸侯，参加会盟的有齐、鲁、宋、卫、郑、许、曹等国的国君，周天子也派代表参加。从此齐桓公成为霸主，挟天子以令诸侯。⑦ 曲防：指遍设堤防以为害邻国。⑧ 封而不告：以田邑封给卿大夫而不报告盟主。

【翻译】

孟子说：“五霸是三王的罪人；现在的诸侯，是五霸的罪人；现在的大夫，又是现在诸侯的罪人。天子巡视诸侯的国家叫做巡狩，诸侯朝见天子叫做述职。巡狩的目的在于春天察看耕种情况，补助不足的人；秋天察看收获情况，补助不足的人。一进入某诸侯的领地，如果土地广被开垦，农田管理得法，老人得到赡养，贤者受到尊重，由才能出众的人管理国家，就给予赏赐，赏赐以土地。一进入某诸侯的领地，如果土地荒芜，老人遭到遗弃，贤者不受任用，聚敛财富的人身居要职，就要责罚。诸侯述职，一次不朝见，就降低他的爵位；两次不朝见，就减削他的封地；三次不朝见，就派军队去征讨他。所以天子使用武力称作讨而不叫伐，诸侯使用武力称作伐而不叫讨。五霸，是挟持一部分诸侯来攻伐一部分诸侯的人，所以说五霸是三王的罪人。五霸之中，齐桓公声望最高。当初和诸侯们会盟于葵丘，绑缚了牺牲，把盟约放到它身上，因为相信诸侯们不敢违约，便没有歃血。其第一条说：'谴责不孝之人，不要废黜太子，不要立妾为妻。'第二条说：'尊重贤者，培养人才，表彰有德行的人。'第三条说：'尊敬老人，慈爱儿童，不要轻慢了来宾旅客。'第四条说：'士人的官职不能世袭，国家的公职不要兼领，录用士人要得当，不要专断地杀大夫。'第五条说：'不要曲设堤防以害邻国，不要阻止邻国来采买粮米，不要随意封赏田邑给卿大夫而不报告盟主。'最后说：'所有参加盟会的人自订立盟约之后，彼此重新恢复往日的友好关系。'现在的诸侯都违背了这五条禁约，所以说现在的诸侯是五霸的罪人。如果说助长国君的恶行，这罪过还小的话，那么，对于国君的恶行曲意逢迎，使他做了坏事还心安理得，这罪过就大了。现在的大夫，都对君主的恶行曲意逢迎，所以说，现在的大夫，是现在诸侯的罪人。”

今之事君者*

* 本章选自《告子下》。

本章孟子批评了当时事君者中的一些不良习俗，主张君主一定要“向道”，即追求仁义。假如君主不追求仁义，做臣子的即使帮助他敛聚民财以富国、邀结诸侯以强兵，也不能使国家安定，而且最终还会给百姓带来灾难。

孟子曰：“今之事君者皆曰：‘我能为君辟土地，充府库。’今之所谓良臣，古之所谓民贼也。君不乡道①，不志于仁，而求富之，是富桀也。‘我能为君约与国，战必克。’今之所谓良臣，古之所谓民贼也。君不乡道，不志于仁，而求为之强战，是辅桀也。由今之道，无变今之俗，虽与之天下，不能一朝居也。”

【注释】

① 乡：同“向”，下同。

【翻译】

孟子说：“现在的臣子都说：‘我能够为国君广辟疆土，充实府库。’今天所谓的好臣子，其实正是古代所谓残害民众的人。国君不趋向于道德，无意于仁，却要使他钱粮富足，这就像使夏桀那样的暴君富足一样。又说：'我能够为国君连结诸侯，战无不胜。'今天所谓的好臣子，其实正是古代所谓残害民众的人。国君不趋向于道德，不以仁义为念，却要他倚仗武力去发动战争，这是辅助夏桀那样的君主。如果按照今天的道路走下去，不改变这些坏风气，就是把整个天下授予他，也不能平安地呆上一个早晨。"

丹之治水*

* 本章选自《告子下》。

白圭自诩治水的本领胜过禹，因而受到孟子的批驳。孟子的意思有二：一是从方法上讲，治水应了解水的习性，尊重它的客观规律，这就要区别"引"和"壅"的不同；二是从效果上讲，引水入海，顺其自然就能给人们造福；反之，如滥设堤防就会使洪水四溢，危害邻国，这恰是仁人所不忍去做的。

白圭曰："丹之治水也愈于禹。"①

孟子曰："子过矣。禹之治水，水之道也，是故禹以四海为壑②。今吾子以邻国为壑。水逆行谓之洚水。洚水者，洪水也，仁人之所恶也。吾子过矣。"

【注释】

① 丹：即白圭，名丹，字圭，周人，曾筑堤治水。愈：胜过，超过。② 壑（hè）：本指山沟，这里扩大为消纳水的地方。

【翻译】

白圭说："我治理水患比大禹还强。"

孟子说："你错了。禹治理水患，是顺乎水的本性去做的，所以禹使水流注四海。如今你却使水流注邻国。水逆流而行称为洚水，洚水就是洪水。这是有仁爱之心的人所厌恶的。你错了。"

鲁欲使乐正子为政*

* 本章选自《告子下》。

本章在于说明,治理好国家并不单靠一个人的能力、智慧和学识,而应当广泛地采纳别人的意见。如果总是自以为是,听不得半点不同意见。谄谀小人就会乘机而入。这样,纵然有着把国家事情办好的愿望,也做不到。

鲁欲使乐正子为政①。孟子曰:“吾闻之,喜而不寐。”

公孙丑曰:“乐正子强乎?”

曰:“否。”

“有知虑乎?”

曰:“否。”

“多闻识乎?”

曰:“否。”

“然则奚为喜而不寐?”

曰:“其为人也好善。”

“好善足乎?”

曰:“好善优于天下,而况鲁国乎?夫苟好善,则四海之内皆将轻千里而来告之以善；夫苟不好善，则人将曰：‘訑訑②，予既已知之矣。’訑訑之声音颜色距人于千里之外。士止于千里之外，则谗谄面谀之人至矣。与谗谄面谀之人居，国欲治，可得乎？”

【注释】

① 乐正子：姓乐正，名宽。② 訑(yí)訑：傲慢自足的样子。

【翻译】

鲁国准备让乐正子主持国政，孟子说：“我听到这件事，高兴得睡不着觉。”

公孙丑问道：“乐正子很有能力吗？”

答道：“不是。”

问道：“有才情谋略吗？”

答道：“不是。”

问道：“见多识广吗？”

答道：“不是。”

问道：“既然这样，为什么会高兴得睡不着觉呢？”

答道：“他做人的特点就是爱听取善言。”

问道：“喜欢听取善言就足以治国了吗？”

回答说：“喜欢听取善言治理天下尚且有余，何况仅一个鲁国呢？如果喜欢听取善言，天下人将不以千里为远赶来把有益的意见告诉他；假如不喜欢听取善言，别人就会用他的腔调说：‘呵、呵，我早已知道了。’那呵呵的声音和脸色就会把别人拒绝于千里之外。士人在千里之外裹足不前，那进谗言而当面奉承的人就乘机而来。同进谗言而当面奉承的人相处在一起，想使国家的事情办好，能做得到吗？”

舜发于畎亩之中*

* 本章选自《告子下》。

本章孟子以舜发迹于田间说起，接连举出六例出身微贱的杰出人物，借以说明大凡有所作为的人都须有一个艰苦奋斗的过程。尤其是“故天将降大任于是人也”一段，对后世有志之士起了很大的鼓励作用。

孟子曰：“舜发于畎亩之中①，傅说举于版筑之间②，胶鬲举于鱼盐之中③，管夷吾举于士④，孙叔敖举于海⑤，百里奚举于市⑥。故天将降大任于是人也，必先苦其心志，劳其筋骨，饿其体肤，空乏其身，行拂乱其所为，所以动心忍性，曾益其所不能⑦。人恒过，然后能改；困于心，衡于虑，而后作；征于色⑧，发于声，而后喻。入则无法家拂士⑨，出则无敌国外患者，国恒亡。然后知生于忧患而死于安乐也。”

【注释】

① 舜发于畎亩之中：舜曾在历山耕田，父母也不爱他，受了许多磨难，后来得到尧的举荐，并把王位禅让给他。② 傅说举于版筑之间：说（yuè）。据《史记·殷本纪》

载：武丁在梦中得遇圣人，名字叫说。他以梦中所见的相貌在百官群臣中寻找，都不像。当时傅说正在傅岩那里筑墙，被武丁发现，通过交谈，认为正是梦中所遇的圣人，于是举以为相，殷因此得到很好的治理。版筑：古人筑墙，用两版相夹，把土盛在中间夯实。③ 胶鬲：鬲(gé)：殷纣时的贤人。曾贩卖鱼盐，被周文王举荐给纣，后来又辅佐武王。④ 管夷吾举于士：管夷吾即管仲。“士”是主管狱囚的官。管仲原是齐公子纠的臣属，齐桓公和公子纠争夺君位，公子纠失败，管仲随他逃到鲁国。齐桓公得知管仲能干，就请鲁君以押解的方式将他召回，齐桓公遂拔举他为相，齐国大治。⑤ 孙叔敖举于海：孙叔敖，春秋时楚国的隐士，曾隐居于海滨，楚王得知他贤能，拔举为令尹(宰相)。⑥ 百里奚举于市：春秋时的贤者，秦穆公知其贤，以五张羊皮的价格把他赎买回来，并授以国政。⑦ 曾益：增加。曾：同“增”。⑧ 征：证验。⑨ 法家拂(bì)士：法家指有法度的大臣。拂士，拂通“弼”，辅佐的贤士。

【翻译】

孟子说：“舜发迹于田地之间，傅说从筑墙的工匠中被提举出来，胶鬲从贩卖鱼盐的工作中被拔举出来，管夷吾被举荐于囚徒之中，孙叔敖被提举于海滨，百里奚被提举于交易市场。所以天若要将重大使命降临到某人身上，一定要先苦恼他的心意，劳累他的筋骨，饥饿他的身体，使他身受穷困之苦，他所做的每一件事情都要受到干扰，这样，便可以震动他的心意，坚韧他的性情，增强他的能力。人经常认识到自己的过错，然后才能改进；心意困苦，思虑艰难，才能奋发而起；表现在脸色上，表达在声音中，才能使人了解和感动。国内没有能坚持法制的大臣和胜任辅弼的贤士，国外没有能够匹敌的邻国和外患的侵扰，往往是亡国的因素。这样，就可以明白忧虑祸患能使人生存，而安逸享乐能使人灭亡的道理了。”

子 好 游 乎*

* 本章选自《尽心上》。

本章强调说明“士人”应当注重自身的修养，坚持操守。这样在身处逆境的情况下能洁身自好，当自己的理想抱负得以实现的情况下推恩爱民。无论是“穷”，还是“达”，都不能放弃对信仰的追求。孟子这种处世的态度，对后世有着重大的影响，而“穷则独善其身，达则兼善天下”一语，也成了历代儒家士人的抱负和奉行科律了。

孟子谓宋勾践曰：“子好游乎①？吾语子游：人知之，亦嚣嚣；人不知，亦嚣嚣②”。

曰：“何如斯可以嚣嚣矣？”

曰：“尊德乐义，则可以嚣嚣矣。故士穷不失义，达不离道。穷不失义，故士得己焉；达不离道，故民不失望焉。古之人，得志，泽加于民；不得志，修身见于世。穷则独善其身，达则兼善天下。”

【注释】

① 游：游说。② 嚣嚣：自得，不在乎的样子。

【翻译】

孟子对宋勾践说："你乐意到各国去游说吗？我告诉你游说各国的态度：别人理解我，我怡然自得；别人不理解我，也是怡然自得。"

宋勾践说："怎样才能够怡然自得呢？"

答道："崇尚道德，喜爱义举，就可以怡然自得了。所以士人不得意时不丧失义，得意时不背离道。穷困时不丧失义，故而士人才能这样怡然自得；得意时不背离道，故而百姓不会对他产生失望。古时候的人，抱负得以施展，恩泽加于百姓；抱负不能施展，便修养个人品德以表现于世人。志意不遂则洁身自好修养个人品德，得意便使天下都能这样。"

易其田畴*

* 本章选自《尽心上》。

在本章中孟子说明了财富充裕，则人民便容易互相帮助，强调了生活资料的重要性。具有朴素的历史唯物主义思想。本章篇幅不长，却把一个抽象的道理讲得比较具体形象。

孟子曰："易其田畴①，薄其税敛，民可使富也。食之以时，用之以礼，财不可胜用也②。民非水火不生活，昏暮叩人之门户求水火，无弗与者，至足矣。圣人治天下，使有菽粟如水火。菽粟如水火，而民焉有不仁者乎？"

【注释】

① 易：治理。田畴：田亩。② 胜(shēng)尽。

【翻译】

孟子说："治理好农田，减少税收，便可使人民富裕了。在必要时食用，按照礼制消费，便可使财富用之不尽。人民没有水和火则不能生活，晚上敲人的门求取水火，没有不给与的，这是由于非常充足的原因。圣人治理天下，让人民有粮食像水火那样多。粮食像水火那样多的话，那人民哪里有不仁的呢？”

孔子登东山而小鲁*

* 本章选自《尽心上》。

孟子在本章中指出受过圣人教导的人志向闻见高远广阔，并以水和日月之光作比喻，强调人有志于道，必须要在学习和施行中无所遗漏，踏踏实实、有条理、有阶段地循序渐进，才能取得成功。而“登太山而小天下”，“观于海者难为水”，也成为流传后世的成语了。

孟子曰：“孔子登东山而小鲁①，登太山而小天下，故观于海者难为水，游于圣人之门者难为言。观水有术②，必观其澜。日月有明，容光必照焉③。流水之为物也，不盈科不行④；君子之志于道也，不成章⑤不达⑥。”

【注释】

① 东山：鲁国城东面的山。小：作动词，“以为小”的意思。② 术：方法。③ 容：小缝隙。④ 科：空洼处。⑤ 章：本义为乐曲完整的一段，此用称学业的阶段。⑥ 达：据朱熹注，是足于此而通于彼的意思。

【翻译】

孟子说:“孔子登上东山,便感到鲁国小了;登上太山,便感到天下也小了。所以对看过大海的人来说,难以用别处的水使他注意;对在圣人那里受过教育的人来说,也难以用普通的言论去吸引他了。观看水有一定的方法,一定要看它洋洋壮阔的波澜。太阳和月亮都有光辉,哪怕是微小的缝隙都一定照到。流水的性质是不把经过的空洼处流满不再向前流。君子有志于大道,不完成一个阶段也不再进到下一步。”

士 何 事*

* 本章选自《尽心上》。

孟子认为，作为一个“士”，就是要把达到“仁”、“义”的道德标准作为立志的全部内容，能作到这一点，一切就算完成了。这对于后世封建社会中一直把“仁”、“义”作为最高的道德品质有着重大的作用。

王子垫问曰①：“士何事？”

孟子曰：“尚志。”

曰：“何谓尚志？”

曰：“仁义而已矣。杀一无罪，非仁也；非其有而取之，非义也。居恶在②？仁是也；路恶在？义是也。居仁由义，大人之事备矣。”

【注释】

① 王子垫(diàn)：齐国王子。② 恶(wū)：何，哪里。下“路恶在”之“恶”同。

【翻译】

王子垫问道：“作为一个士，要从事于什么？”

孟子答道："使志行高尚。"

问道："志行高尚指的是什么？"

答道："不过是仁和义而已。杀一个没有罪的人，便是不仁；不是自己的东西却拿来占有它，便是不义。居处在哪里？仁就是；道路在哪里？义就是。在仁处存身，由义道行事，大人所要做的事就完备了。"

不仁哉梁惠王也*

*本章选自《尽心下》。

孟子主张要以对待亲爱者的心推及到所不爱者，实际上也即是他“老吾老以及人之老，幼吾幼以及人之幼”的理论。在本章中指出梁惠王不爱人民，驱使他们作战，暴尸糜烂，而又把这一不爱的心推及到他所喜爱的子弟身上。这种行为正与孟子的主张相反，所以孟子说梁惠王不仁。

孟子曰：“不仁哉梁惠王也！仁者以其所爱及其所不爱，不仁者以其所不爱及其所爱。”

公孙丑问曰：“何谓也？”

“梁惠王以土地之故，糜烂其民而战之①，大败，将复之②，恐不能胜，故驱其所爱子弟以殉之，是之谓以其所不爱及其所爱也。”

【注释】

① 糜烂其民：使其民尸骨糜烂。② 复：再，又。

【翻译】

孟子说：“梁惠王太不仁了！仁人用他对待所爱者的

心推及到他所不爱者身上，不仁的人用他对待所不爱者的心推及到他所爱者的身上。”

公孙丑问：“这是指的什么呢？”

“梁惠王由于土地的原因，驱使他所不爱的人民去作战，使他们暴尸糜烂，被打得大败；又要再打，害怕不能胜利，因此又驱使他所爱的子弟去送死，这就叫做用他对待所不爱者的心推及到他所爱者的身上。”

尽信书不如无书*

* 本章选自《尽心下》。

孟子见到《尚书·武成》篇记载，周武王在伐纣的战争中杀人很多，流血将木杵都漂起来了。孟子认为，像武王那样最仁的人征伐纣王这样最不仁的人，绝不会有这种情况，因此不相信。这说明了他对古书记载所持的批判怀疑态度。

孟子曰："尽信《书》①，则不如无《书》。吾于《武成》②，取二三策而已矣③。仁人无敌于天下，以至仁伐至不仁，而何其血之流杵也④？"

【注释】

① 书：指《尚书》。②《武成》：《尚书》中的篇名，其中有"血流漂杵"句。现在《尚书》中的《武成》篇是晋人根据古书中的记载伪造的，不是孟子所见的《武成》。③ 策：竹简。古代书是写在竹简木片上，联缀成册。④ 杵（chǔ）：用来在臼里捣粮食的木槌。

【翻译】

孟子说："完全相信《尚书》，还不如没有《尚书》。我对于其中的《武成》篇，也不过取信它两三简而已。仁人天下无敌，凭最仁的周武王征伐最不仁的商纣王，怎么能让血多得连舂米木槌都漂流起来呢？”

民 为 贵*

* 本章选自《尽心下》。

在本章中，孟子通过君主、社稷和人民三者的关系，明确指出了“民为贵，社稷次之，君为轻”，提出了民贵君轻、得民则为君的理论，同他“君之视臣如土芥，则臣视君如寇仇”的说法相对照，可以看出他这一思想的完整性和一贯性，这在孟子时代，是十分难能可贵的，在后代漫长的封建社会中起了一定的进步作用。

孟子曰：“民为贵，社稷次之①，君为轻。是故得乎丘民而为天子②，得乎天子为诸侯，得乎诸侯为大夫。诸侯危社稷，则变置。牺牲既成③，粢盛既洁④，祭祀以时，然而旱乾水溢，则变置社稷。”

【注释】

① 社稷：社，土神；稷，谷神。② 丘：古代四邑为丘。③ 牺牲：供祭祀用的牛、羊、豕等。④ 粢盛（chéng）：粢，黍稷；盛，盛在祭器中。

【翻译】

孟子说：“人民最重要，土神、谷神为次，君主为轻。因此得到广大人民的才得为天子，得到天子的欢心则被封为诸侯，得到诸侯的欢心才被命为大夫。诸侯如果使国家受到损害，则另立贤诸侯。作祭品的牲畜肥壮，合乎规格，黍稷洁净又按时行祭，然而还是旱涝成灾，那么便要改立土神、谷神。”

人皆有所不忍*

* 本章选自《尽心下》。

孟子认为人性本善，仁义之心人人都具有，如果把人性中的仁和义的精神由此及彼扩而充之，则行事无不仁义。由此进一步指出，用攀谈和沉默的方式探取人意，也像是打洞翻墙偷东西一样不义，揭露了这种手段的可耻。

孟子曰："人皆有所不忍，达之于其所忍，仁也；人皆有所不为，达之于其所为，义也。人能充无欲害人之心，而仁不可胜用也；人能充无穿踰之心①，而义不可胜用也；人能充无受尔汝之实②，无所往而不为义也。士未可以言而言，是以言铦之也③；可以言而不言，是以不言铦之也，是皆穿踰之类也。"

【注释】

① 穿踰：穿，挖洞穿壁；踰，翻墙越屋。穿踰比喻盗窃行为。② 尔汝：是古代尊长用于对卑下的称呼。如果同等级辈分的人以此相称，便是轻贱的意思。③ 铦（tiǎn）：探取。

【翻译】

孟子说："人都有他所不忍心的事情，把这种不忍心扩充贯彻到他所忍心的事情上，就是仁；人都有他所不愿做的事情，把这种不愿做扩充贯彻到他所愿做的事情上，就是义。人能够把不愿伤害别人的心扩充开来，那么仁便用不尽了；人能把不愿打洞翻墙的心扩充开来，那么义便也用不尽了；人能把不甘受轻贱的心扩充开来，那么他的行为无论到哪里也不是不义。一个士人不可以同他谈论而同他攀谈，这是用攀谈的手段引诱他而取得好处；可以同他谈论而不同他谈论，这是用沉默的手段引诱他而取得好处，这都是属于打洞翻墙一类的事情。"

说大人则藐之*

* 本章选自《尽心下》。

孟子认为要向尊贵者进言，就不能把他那高高在上的地位放在眼里。这种勇气从何而来呢？就是因为我和他的志向不同。“大人”们所有的是富贵尊荣，而我所具有的却是古圣先贤的礼制。鄙视他们的尊贵，这样，自己的勇气自然就会产生和加强。本章充分表现了孟子“富贵不能淫”的大丈夫气概。

孟子曰：“说大人①，则藐之，勿视其巍巍然。堂高数仞②，榱题数尺③，我得志，弗为也。食前方丈，侍妾数百人，我得志，弗为也。般乐饮酒，驱骋田猎，后车千乘④，我得志，弗为也。在彼者，皆我所不为也；在我者，皆古之制也，吾何畏彼哉？”

【注释】

① 说（shuì）：游说，进言。② 堂：指殿堂的台基。仞：八尺。③ 榱（cuī）：屋桷，屋檐的椽子。题：头，前端。④ 乘（shèng）：古代每车以四匹马驾之，四马为乘，一辆车也称为乘。

【翻译】

孟子说："向尊贵者进言，就要藐视他，不要看得他那么高高在上。堂阶两三丈高、屋椽子几尺粗，我一旦得志，不这样做。食品摆满在席前一丈见方的地方，姬妾有数百人，我一旦得志，不这样做。饮酒作乐，驰骋打猎，后面有从车千辆，我一旦得志，也不这样做。他所有的都是我不做的，我所有的都是古圣先贤规定的礼法制度，我害怕他什么呢？"

由尧舜至于汤五百有余岁*

*本章选自《尽心下》。

孟子说过："五百年必有王者兴，其间必有名世者"，在本章中，孟子列举了从尧舜直到孔子一系列古圣先贤的道统承系，最后明显地把自己看作孔子后的继承者。

孟子曰："由尧、舜至于汤，五百有余岁；若禹、皋陶，则见而知之；若汤，则闻而知之。由汤至于文王，五百有余岁，若伊尹、莱朱①，则见而知之；若文王，则闻而知之。由文王至于孔子，五百有余岁，若太公望、散宜生②，则见而知之；若孔子，则闻而知之。由孔子而来至于今，百有余岁，去圣人之世若此其未远也，近圣人之居若此其甚也，然而无有乎尔，则亦无有乎尔。"

【注释】

① 莱朱：商汤贤臣。② 散宜生：周文王贤臣。

【翻译】

孟子说："从尧、舜到商汤，其间经过了五百多年，像禹、皋陶，是见而知其道的；像商汤，则是由于听说而知其道的。从商汤到周文王，又经过了五百多年，像伊尹、莱朱，是见而知其道的；像周文王，则是由于听说而知其道的。从周文王到孔子，也是经历了五百多年，像太公望、散宜生，是见而知其道的；像孔子，则是由于听说而知其道的。从孔子以来到现在，又过了一百多年了，距离圣人的年代像这样不远，同圣人的家乡相距又这样近，但没有出现这样的人了，竟再也没有出现这样的人了。”

编 后 记

2011年我社出版了“古代文史名著选译丛书(134种)”,该丛书是由全国高校古籍整理委员会主持,汇集北京大学、复旦大学等十八所高校古籍所专家学者力量完成的一部高水平、高质量的传统文化普及读物。出版后也得到了读者认可,获得业内好评。

该丛书于2016年入选国家新闻出版广电总局评选的“首届向全国推荐中华优秀传统文化普及图书”名单。为了更好地传播优秀传统文化,我们从中精选了30种文史经典,重新修订、设计,作为珍藏版呈现给读者。

中华优秀传统文化不仅是中华民族的宝贵财富,也是中华民族的精神家园。凤凰出版社谨向为本丛书的编辑出版付出巨大心血的专家学者致以崇高敬意!

丛书顾问:周林　邓广铭　白寿彝

丛书主编:章培恒　安平秋　马樟根

编委(均按姓氏笔画排列):马樟根　平慧善　安平秋　刘烈茂　许嘉璐　李国祥　金开诚　周勋初　宗福邦　段文桂　董治安　倪其心　黄永年　章培恒　曾枣庄(以上为常务编委)

王达津　吕绍纲　刘仁清　刘乾先　李运益　杨金鼎　曹亦冰　常绍温　裴汝诚(以上为编委)

古代文史名著选译丛书（珍藏版）书目

书名	译注者	审阅者
论语注译	孙钦善	宗福邦
老子注译	张玉春　金国泰	安平秋
庄子选译	马美信	章培恒
孟子选译	刘聿鑫　刘晓东	黄　葵
荀子选译	雪　克　王云路	董治安　许嘉璐
诗经选译	程俊英　蒋见元	刘仁清
楚辞选译	徐建华　金舒年	金开诚
左传选译	陈世铙	董治安
史记选译	李国祥　李长弓　张三夕	安平秋
汉书选译	张世俊　任巧珍	李国祥
后汉书选译	李国祥　杨　昶　彭益林	许嘉璐
三国志选译	刘　琳	黄　葵
资治通鉴选译	李　庆	黄永年
文心雕龙选译	周振甫	黄永年
世说新语选译	柳士镇　钱南秀	周勋初
颜氏家训选译	黄永年	许嘉璐
陶渊明诗文选译	谢先俊　王勋敏	平慧善
李白诗选译	詹　锳等	章培恒
杜甫诗选译	倪其心　吴　鸥	黄永年
李商隐诗选译	陈永正	倪其心
王维诗选译	邓安生　刘　畅　杨永明	倪其心
苏轼诗文词选译	曾枣庄　曾　弢	章培恒
李清照诗文词选译	平慧善	马樟根
辛弃疾词选译	杨　忠	刘烈茂
王阳明诗文选译	吴　格	章培恒
唐才子传选译	张　萍　陆三强	黄永年
徐霞客游记选译	周晓薇　马雪芹　焦　杰	黄永年　马樟根
阅微草堂笔记选译	黄国声	安平秋
西厢记选译	王立言	董治安
聊斋志异选译	刘烈茂　欧阳世昌	章培恒